明史 2

权力的游戏

王光波 编著

图书在版编目（CIP）数据

明史 / 王光波编著. —杭州：浙江工商大学出版社，2022.9（2024.1 重印）

（有料更有趣的朝代史 / 胡岳雷主编）

ISBN 978-7-5178-4932-2

Ⅰ. ①明… Ⅱ. ①王… Ⅲ. ①中国历史—明代—通俗读物 Ⅳ. ① K248.09

中国版本图书馆 CIP 数据核字（2022）第 073053 号

明　史
MING SHI

王光波　编著

责任编辑	任晓燕
责任校对	张春琴
封面设计	吕丽梅
责任印制	包建辉
出版发行	浙江工商大学出版社 （杭州市教工路 198 号　邮政编码 310012） （E-mail: zjgsupress@163.com） （网址：http://www.zjgsupress.com） 电话：0571-88904980，88831806（传真）
排　　版	北京东方视点数据技术有限公司
印　　刷	唐山富达印务有限公司
开　　本	787mm×1092mm　1/32
印　　张	28
字　　数	596 千
版 印 次	2022 年 9 月第 1 版　2024 年 1 月第 2 次印刷
书　　号	ISBN 978-7-5178-4932-2
定　　价	198.00 元（全四册）

版权所有　侵权必究

如发现印装质量问题，影响阅读，请和营销与发行中心联系

联系电话　0571-88904970

目 录

第一章　朱棣：战斗在权力的世界

　　徘徊在"跌停板"中的童年 _ 003

　　出征漠北：要出头，先打架 _ 007

　　打南边来了个送白帽子的和尚 _ 012

　　地下室与养鸡场 _ 016

　　玩不起的心理暗战 _ 021

第二章　帝二代的"杜拉拉升职记"

　　史上最健康的精神病 _ 029

　　朱允炆，把你的宝座让给我 _ 034

　　老将出马，不一定能顶俩 _ 038

　　兄弟，"借"我一点兵 _ 043

　　啃不下的硬骨头 _ 048

　　打不死的英雄 _ 051

　　叔叔你好狠 _ 055

　　暴力不能解决一切，却能解决你 _ 058

第三章　激情燃烧的永乐岁月

　　解缙的悲剧人生 _ 063

　　迁都，迁出了一段帝国盛世 _ 068

　　万国来朝，我很欣慰 _ 072

　　散财童子下西洋 _ 074

第四章　谁叫你当刺头

　　你的狡猾背叛了我的善良 _ 081

　　搬运工本雅失里 _ 085

　　再逃，小命就没了 _ 089

　　你没几天嘚瑟了 _ 093

　　神机营的威力 _ 098

　　地方政权要紧抓 _ 102

第五章　啊朋友，再见吧，再见吧

　　老和尚的临终遗言 _ 109

　　嘘，有特务 _ 114

　　小毛贼，休得猖狂 _ 120

　　"神秘男"带来好消息 _ 124

　　生于战火，死于征途 _ 128

第六章　仁宗是个好皇帝

　　革命的友谊最长久 _ 135

　　减税是个好办法 _ 140

　　我也可以做魏徵 _ 143

　　仁的政策放光芒 _ 148

没白叫你"仁皇帝"_ 153

第七章　宣宗也是好样的

无赖弟的夺位阴谋 _ 161

好叔叔，你就降了侄儿吧 _ 165

蛐蛐是我的最爱 _ 171

构建稳定社会 _ 176

老师，我这是大义灭亲 _ 180

大家都有机会中状元 _ 183

周忱的改革有力度 _ 188

边防线上的那些事儿 _ 194

"仁孝"二字记心头 _ 197

治贪警钟长鸣 _ 202

君子留下，小人离场 _ 209

我不搞封建迷信 _ 214

奈何好人命不长 _ 216

第一章

朱棣：战斗在权力的世界

徘徊在"跌停板"中的童年

自古以来，想当皇帝就只有两条路：要么真刀真枪干出来，不管你以前是种地的，还是给人打杂的，只要你有这个本事，能推翻现任的掌权者，那这个皇帝就由你来做；要么幸运地成为上一任皇帝心目中的最佳继承人。

一般来说，继承人的资格不是那么好得的。儿孙众多的，由嫡长子继承；身后无人的，选择兄弟或子侄来继承。虽然很多皇帝都有过想随心所欲选择继承人的想法，但是在传统面前，很少有人能够取得胜利。特别是像朱元璋这样儿子一大群的，嫡长子朱标又特别优秀，所以他根本就不用为此而发愁。但是，太优秀的嫡长子，引发的却是难以预料的皇位之争。

朱标闪闪发亮的光环，掩盖了朱元璋其他儿子的光芒，其中，就有朱棣。

朱棣，朱元璋的第四子。后来的明成祖，永乐大帝。

不过，刚刚出生的朱棣，并没有谁看出他的与众不同，也没有人会想到这个孩子今后有怎样一番作为，因为当时，根本就没有人去看他。朱棣挑了一个最不适合出世的时间降临。

相比他的大哥朱标，朱棣无论是出生时间还是出生地点都糟透了。朱标出生时，朱元璋刚好打了胜仗，自然会认为朱标的出生是老天的赏赐，再加上这是他第一个儿子，欣喜之情难以名状。

可朱棣呢，他出生于至正二十年（1360年）的四月，这对于他的父亲朱元璋来说实在不是一个好时候。因为常遇春的莽撞，导致陈友谅不顾一切率领他的无敌舰队直奔应天而来。当时的朱元璋，水军力量十分薄弱，本不想这么早就与陈友谅正面交锋。可没想到局势一下变得如此紧张，没办法，只得仓皇应战。而根据情报，陈友谅已经攻下采石，眼看就要拿下应天的最后一道屏障太平了。这个消息一传来，所有人都慌了。有很多人跟着朱元璋的时间还不长，这个时候就想着怎么跑路保命了。一时之间，应天城鸡飞狗跳，慌乱不已。

就在朱元璋焦头烂额之际，朱棣出生了。

虽然最后朱元璋取得了龙湾之捷，解了应天的围，但这距离朱棣出生已经有将近一月的时间，再怎么算，朱元璋也不会认为胜利是这个新生儿带来的。再加上当时的朱元璋对儿子的期盼早已没有当初的炽烈，这个儿子在他的心目中，几乎不占什么位置。

或许朱棣小时候并没有亲手杀过人，但是，少了些保护的他，反而能看到更多的现实，更多的真相。

跟随在徐达、常遇春这样的武将身边，朱棣能够接触更多的鲜血，更多的死亡。谁也不知道，目睹过多的杀戮会给一个孩子留下什么样的阴影。但朱棣的表现超出了所有人的意料，在经历过最开始的恐惧期后，小小年纪的朱棣居然开始接受，开始兴奋。他看到了战争的无坚不摧，无所不能，交战双方一旦开战，就是在用无数士兵的性命赌博，盲目的赌博是疯狂，而明智的赌博是艺术。

战争，在朱棣眼里不仅是获取需要的手段，还是一门学问，他要尽快掌握这门学问，虽然他明白只要大哥在一天，他就不可能过上如同太子一般的生活。父亲的儿子有那么多，他必须与众不同，才有可能获得更多的关注。

朱棣爱上了战争，爱上了这门暴力的艺术，他学习如何拼杀，如何指挥，既然做不成江山的拥有者，那就做江山的守护者，然后，一点一点地用强力争夺自己想要的东西，或许，也包括皇位。在这一点上，朱棣和朱元璋非常像。他们都是信奉力量的人，都喜欢用实力说话。而且他们都很隐忍，在没能确定自己有十足的把握之前，绝不会率先出击。朱标或许更多地遗传了马皇后宽广博大的心胸和仁爱友善的性格，而朱棣，则把朱元璋那套行事风格完全接了过来，然后融会贯通。

在八岁以前，朱棣是没有名字的，朱元璋在元至正二十七年（1367年）才给他所有的儿子起了正式的名字。而后，在明洪武三年（1370年），朱棣和其他几个兄弟一起，被封为王，朱棣被封为燕王，封地是北平，也就是今天的北京。

就封地来看，朱元璋很可能已经开始注意到他的这个儿子的军事才能了。北平离首都南京很远，但离北元残部很近。国家刚刚建立，需要一个稳定的环境，这时把朱棣封到北平，是否意味着朱元璋把镇守边关这样的重任交给了他？朱棣丝毫没觉得封地在北平有什么不好，相反地，他仿佛找到了释放自己激情与热血的地方。

封地边上，就是老朋友蒙古人。朱棣就在跟这些蒙古骑兵的对抗中，实际检验了自己以往所学到的一切技能。慢慢地，他发现，实践永远要比教科书来得深刻。

在关外的平原上，他看见的是江南看不到的战场，在震天的嘶吼声中，他学会了怎样让自己保持一个将领应有的冷静，而在堆积成山的尸体和血流成河的惨烈面前，他明白了生命的脆弱。千千万万的士兵，千千万万条生命，他们也许没有报国的壮志，也没有对敌人无边的仇恨，只是为了活命才加入了军队。但是，战争又夺去了他们的生命，多么的无情。

强大的人注定是会被赋予重任的，就像朱棣一直以来所期盼的那样，他的强大不会没人看见，而这一次，他需要用自己的力量，去完成他生命中最重要的一次亮相。

出征漠北：要出头，先打架

"大漠孤烟直，长河落日圆。"简单十个字写出了茫茫漠北的豪迈与苍凉。江南固然有它的轻柔婉转，而沙漠却是无可取代的豪放悲壮。在江南，人会安定、平和，思考的问题缜密而深远。但在大漠，人会变得开阔，变得爽朗，同时，被狂风走石打磨得坚硬，打磨得无情。

生于江南长于江南的，是太子朱标，所以他宽厚、含蓄。

生在江南长在边关的，是燕王朱棣，所以他严肃、直接。

朱棣明白，他哥哥学的是治国之道，所以他不能有太多的杀伐暴力，他要掌握的，是如何治理朝政，如何为百姓撑起一片天。而他自己，生来注定是要与战争相伴一生。鲜血固然可怕，死亡确实恐怖，但这些都是战争所不可避免的，是这门暴力美学的副产品。好在，朱棣喜欢，喜欢是最好的老师，战争这门学问，朱棣学得很好。

现在，检验成绩的时刻到了。

北元，这个朱元璋的老对手，大明朝最不安分的邻居。被赶出中原这么多年，依旧没有刀枪入库，马放南山，时不时地还要出个头，捣个乱。其实这也不能怪他们，一个游牧民族，靠放牧牛羊为生，逐水草而居。好不容易力量壮大了，成了整个国家的主人，总算不用再过风餐露宿的日子，还享受到了从未享受过的舒适生活。可惜好景不长，没多久就被朱元璋从京城里赶了出去，一下子竟回到了自己动手都未必能丰衣足食的日子。由俭入奢易，由奢入俭难。吃过美味的人，你让他再去吃糠咽菜，简直比杀了他还难受。况且，元朝统治者作威作福的日子里，自己的本事一点儿都没长进，大漠又是一个物资极其贫乏的地方，这让他们根本无法生产出满足需要的生产和生活资料，那怎么办，明朝的领土就在边上，那就抢吧。

朱元璋怎么能容忍北元的残兵游勇在自家地盘上撒野？可气的是这些人来了就抢，抢了就跑，跑不掉就打，打不过还跑，折腾得明朝军队哭笑不得。朱元璋一直想把这股力量肃清，怎奈建国之初，百废待兴，实在腾不出手来教训这些人。而现在，有一个人似乎可以替他去完成这个任务，并且绝无二心。这个人，就是他的儿子，朱棣。

洪武二十三年（1390年），朱元璋下令，命燕王朱棣和晋王朱棡分率部队出征漠北，目标为北元丞相咬住和太尉乃尔不花。

这是一次考试，一次双向考试。朱元璋既可以考察儿子的能力，也可以检验自己的眼光。他比任何人都希望这两个儿子能带回好消息，不只因为国仇家恨。

当然，为了确保此次考试能够顺利进行，朱元璋还是派了几名得力干将跟随皇子，以便随时听用。"命傅友德为大将军，率列侯赵庸、曹兴、王弼、孙恪等赴北平，训练军马，听燕王节制，出征沙漠。"(《明史纪事本末》)这个傅友德就不用说了，完全是一个神奇的存在，当年令常胜将军徐达铩羽而归的那次征元，就因为他，战绩才不至于那么难看。其他几个大将，也都是身经百战、经验丰富的老部下了。有他们在，能给皇子们助威。

洪武二十三年（1390年）三月，先头部队发回消息，称在迤都发现了乃尔不花的踪迹。找到了敌人，朱棣带领着大部队，朝那个令他心驰神往的战场悄悄前进。

漠北的三月和中原完全是两个季节，江南是"烟花三月下扬州"，而此时的漠北，却还是"雪花大如席"。天公不作美，让第一次率大军远征的朱棣，赶上了大雪盈门。

对于适应了关中气候的军队来说，此刻的大雪就好像是北元下达的逐客令，天寒地冻，长途行军的疲乏让每个人都不想再挪动一步。此时，有部下提出，天气太糟糕，我们别走了，就在此地驻扎下来，等天晴了再说吧。

这个要求并不过分，如果贸然行军，极有可能还未开战就损失不少战斗力，最关键的是，会不会因为放弃休整而令将士对自己怨声载道，失去了军队应有的凝聚力和对主将的忠心？这太可怕了，朱棣不想到时候自己指挥一盘散沙和元军作战。

难道就停下不走了？朱棣不甘心，他知道，大雪的确是元军最好的屏障，他的敌人在看到漫天雪花时，不知会不会高兴得手舞足蹈。恶劣的天气，往往意味着安全。漠北的气候，蒙古人早已习惯，但他们知道中原人不会习惯，等他们习惯了，自己早就撤离，留给他们一片废墟。

朱棣知道此刻的乃尔不花在想什么，如果真的等雪停了再走，且不说敌人不会留在原地等他们来打，再想找到敌人的踪迹，茫茫大漠，谈何容易！一时的仁慈，带来的可能是满盘皆输。

不能让敌人如愿。朱棣召集所有的部下，向他们说出了自己的想法。"天雨雪，彼不虞我至，宜乘雪速进。"（《明史纪事本末》）天气是不好，所以敌人不会想到我们会雪中行军，也就不会有所提防，这正是我们前去攻击的最好时机。所以不要犹豫，下令大军，全速前进。

朱棣的理由很充分，也很有说服力，没有人再提出异议，因为所有人都知道这个决定是对的。

暴风雪中，明军逼近了乃尔不花的营地。果然，营地没有什么严密的守卫，乃尔不花压根儿没想到明军会在如此糟糕的情况下依然坚持前进。当所有人都认为应该趁着这天赐良机，一举将乃尔不花的军队剿灭时，朱棣又做了一个令他们不解的决定。

全军原地驻扎，不得擅自行动。

浩浩荡荡，顶风冒雪地来了，却又不让打，几乎所有人都不能理解。朱棣也不向他们过多解释，而是派了一个人去了乃尔不花的军中，这个人叫观童。

史载，观童和乃尔不花有故交，朱棣派了一个敌人的老朋友前去，摆明了是做劝降工作去了。当观童走进大帐，乃尔不花都不太敢相信自己的眼睛，大雪纷飞，这个人是从哪儿冒出来的？

观童见到乃尔不花后，两个人抱头痛哭。明军不适应大漠恶劣的天气，不代表元军就很享受天寒地冻。大雪封山，又没有什么军需储备，乃尔不花也被困得很难受，见到老朋友，管他来干什么的，先哭一通再说。哭完了，观童缓缓开口，我们燕王已经来了，大军就在你们旁边。

听到这话，乃尔不花疯了，一支部队驻扎在你眼皮子底下，居然一点儿感觉都没有，乃尔不花恨不得把哨兵抓起来砍了。大军压境，乃尔不花和部下惊慌失措，第一反应就是上马逃跑。面对敌人，元军的主将立马想到的是逃跑，这似乎成了他们的传统。

观童赶紧拉住乃尔不花，对他说，不用怕，是燕王让我来的，他知道你不想打仗，所以派我来带你去见他。出于对老朋友的信任，再加上局势对自己没有一点儿好处，乃尔不花决定投降，他跟随观童来到明军的营地，面见朱棣。

来之前，乃尔不花做好了充分的思想准备，大雪天让人家跑了这么远，不被打一顿就不错了，别妄想能讲什么条件。让乃尔不花吃惊的是，朱棣不但没有为难他，反而设宴款待他。"燕王降辞色待之，赐之酒，慰谕遣还。"（《明史纪事本末》）没有责骂，没有轻视，而是好酒好菜地招待，还和颜悦色地安慰他。乃尔不花很高兴，觉得投降是明智的，马上返回营地，带领所有将士投降朱棣。

不费一兵一卒，朱棣收服了乃尔不花，连他的所有粮草牛羊一并接收。这一仗，朱棣全胜。

听到这个消息，远在京城的朱元璋很高兴，他兴奋地说："肃清沙漠者，燕王也！"很好，看来，这次考试，朱棣得了优秀。

凯旋的朱棣受到了来自四面八方的赞扬，朱元璋很欣慰，他为江山找到了一个可靠的守护者；朱棣也很欣慰，总算在老爹面前露了回脸，这下，他就不再是普通的王爷，而是可以担当大任的王爷。一切都是那么的和谐喜庆，直到一个人的离去，打破了所有的平静，把江山再一次推进了水深火热中。

打南边来了个送白帽子的和尚

北平，燕王府。

朱棣正坐在书房中看书，手下人来报，道衍来了。朱棣无奈地苦笑，吩咐让他进来。不一会儿，一个和尚推门而入，他就是姚广孝。简单行过礼后，姚广孝开门见山地直陈来意，问朱棣何时动手。朱棣没说话，只是挥挥手，让姚广孝回去。姚广孝撇撇嘴，退了出去。没关系，他有的是时间，可以慢慢劝说这个固执的王爷。

这姚广孝究竟何许人也，他三番两次劝说朱棣究竟为何事？

事情还要从姚广孝初见朱棣开始说起。洪武十八年（1385年），马皇后去世已经三年，但朱元璋依旧沉浸在悲痛中不能自拔，他从民间选拔出了十名僧人，让他们随各个藩王到驻地去讲经说法，祷念祈福。道衍也在其中，他在等待一个人，等着这个人带自己走，然后，带这个人走向至尊。

姚广孝，法名道衍，出身医门，十四岁时出家为僧。出家人，本当静心修佛，宣讲佛经，六根清净才对，但姚广孝似乎不是个甘心佛门清修的和尚，本为佛家中人的他，居然拜了个道士为师。他的道士师父叫席应真，也是个不务正业的人，道家那么多经典他不去解读，反而对阴阳术数颇有心得。一个老道，一个和尚，两个人天天对着算筹，看着天象，研究得不亦乐乎。

阴阳术数，算起来是一门历史悠久、博大精深的学问，它的门类有很多，宗教、哲学、历法、中医、书法、建筑、占卜，几乎无所不包。能把这门学问研究透了，这个人也就算是个奇才了。

阴阳术数虽有大用处，可是科举不考这些，姚广孝把阴阳术数学了个精通，无奈派不上什么大用场。对此，姚广孝很郁闷。

为了排解忧愁，姚广孝决定出门走走，当他走到嵩山时，一个相者拦住了他，给他算了一卦。这个人名叫袁珙，他拉住姚广孝，也没有什么"你最近有血光之灾"或是"红光满面，将有好事临门"之类的套语，《明史》中他是上来就惊叹："是何异僧！"——怎么是这么个奇异的和尚！就是这句话让姚广孝停下了脚步，等待着他的下文。

袁珙接着说："目三角，形如病虎，性必嗜杀，刘秉忠流也。"（《明史》）你长了一双三角眼，好像生病的老虎，你这个人一定爱好杀戮，是像刘秉忠那样的人。

刘秉忠是什么人？他也是个不寻常的和尚，当年忽必烈建立元朝，就是这个刘秉忠在身旁出谋划策，才能建立不朽的功勋。而这个刘秉忠，同样精通天文地理，也是个混合型人才。

要是平常人走在街上，平白无故被人拉住，然后劈头盖脸说你喜欢杀人，和不安分的和尚属于同一种人，恐怕早就和算命的拼命了。可姚广孝的反应很耐人寻味，史书记载，听了袁珙的话后，"道衍大喜"。

姚广孝很高兴，之前郁闷的心情一扫而空。这样看来，姚广孝真是个不安于现状的人，说他像刘秉忠，他不但高兴，还"大喜"，看来，他很欣赏这个和尚前辈，也许，还把他视为学习的榜样。姚广孝的心里，一定有另一番打算。

他并不贪财，也不好色，高官厚禄于他真的是过眼烟云。他唯一期盼的，就是证明自己，证明自己的力量，证明自己是这世界不能缺少的力量。

因此，他放弃了诗词歌赋，放弃了《大学》《中庸》，选择了一条常人不加理睬的歧路。阴阳术数，经世致用，唯有蹚入尘世这潭浑水，才能彻底搅动一番，令天地变色。

姚广孝还在等待，他在等待一个可以给他这样机会的人。

终于，他等来了。

官房中，和姚广孝一样在等待的和尚还有九位，他们都在担心，究竟会被哪个王爷挑中，今后又将去往何方。

姚广孝丝毫没有焦虑的神情，他好像已经成竹在胸，因为，他已知道自己会和谁一同离开。不一会儿，大殿外响起脚步声，所有人都伸长脖子朝外张望。姚广孝端坐在椅子上，感觉到心脏也跳得猛烈。

当燕王朱棣和兄弟们一起走进来时，他看到的是一群笑容可掬的出家人。父亲的行为让他很不理解，带个和尚回封地，能有多大用处？这时，一个面容沉静的和尚也不打招呼，冲着朱棣小声说：

"大王使臣得侍，奉一白帽与大王戴。"(《明史纪事本末》)王爷，请允许我跟随您，我会送一顶白帽子当见面礼。

朱棣听到这话，当场表示震惊。白帽子，朱棣当然不会理解为姚广孝真要给他一顶办丧事戴的孝帽，能让王爷戴孝帽的，只有皇上驾崩，道衍不可能笨到诅咒当今圣上。这白帽子，另有含义。

朱棣为燕王，这"王"字上面加个"白"，不就是"皇上"的"皇"吗？不得不佩服汉字的博大精深，简单的叠加，就是完全不同的含义。生为皇帝的儿子，有哪个是不想当皇帝的？那种天下唯我独尊、一言九鼎的快感，使所有人趋之若鹜。朱棣当然有征服天下的雄心，可此时，他温文尔雅、深得民心的太子哥哥还好端端地坐在寝宫里，他怎么可能有机会？

面前的这个和尚，貌不惊人，却说出了惊天动地的话，在朱棣同意姚广孝跟随自己之后，姚广孝淡淡地笑了，他知道，自己的命运已经和朱棣牢牢拴在一起。从此以后，要么踏上那条不归路，走向最后的胜利；要么老死在燕王府，郁郁不得志。

姚广孝相信，燕王是不会让后一种情况发生的，而他，也不会看错人。

地下室与养鸡场

洪武二十五年（1392年），太子朱标因病而逝。一时之间，举国震惊。

朱标的死，对他的父亲朱元璋来说，是彻骨的疼痛，心爱的儿子、未来的储君，竟然撒手人寰，弃自己而去。此时的朱元璋已经不再是当年的意气风发，他老了，国家的重担已经将他的精力压榨得所剩无几，他不知道，百年之后，由谁来掌管这个江山。

对于朱标的兄弟来说，这却是个千载难逢的良机。长子去世，那皇位继承人就必须重新筛选，也就是说，这一次，所有的藩王都站到了一条起跑线上，有了公平竞争的机会。虽然死去的这个人，是他们的哥哥，但在无上的权力面前，亲情，是可以最先抛弃的东西。

此时的朱棣兴奋异常，他好像看到了祈求多年而不可得的金光大道就铺展在自己面前。太子哥哥在世时，自己不敢有任何非分之想，只求能够表现得好点儿，多得些恩宠。而现在不同了，太子一死，自己就有了竞争皇位的资格，遍览所有藩王，只有自己是战功赫赫，深得父亲的赏识。再加上自己一直以来都表现得非常出色，看来，这个皇位继承人，最合适的人选就是自己了。朱棣很开心，但现实却很残酷。

正当所有的藩王还在打算怎么好好表现自己，以博得父王的青睐时，朱元璋再一次令所有人大吃一惊。不能从丧子之痛中走出来的他，竟把所有的对亡子的感情，全部转移到了朱标年幼的儿子朱允炆身上，当即决定立皇长孙朱允炆为皇太孙，大明朝的下一任接班人。

消息传出，举世震惊。朱元璋不按常理出牌的习性大家都了解，可关系到国本，怎可如此轻率？江山交到一个少年手里，可以放心吗？看来，一生冷酷决断的朱元璋，也有着不为人知的柔软情怀。

把国家交给孙子朱允炆，并不是朱元璋完全没有考虑过的结果，他也明白，现在国家看似安定，但外患仍在，不可掉以轻心。他已经为这个孩子安排好了一切，让自己的儿子替他守卫国土，他只要安心地坐拥天下，好好善待臣民就好了。

可谁料想，正是这些叔叔，成了朱允炆最大的噩梦。

虽然自己的父亲是太子，当之无愧，可自己何德何能，只不过因为爷爷的宠爱，就轻易接过了国家，这太不能服人了。况且那些叔叔一个个手握重兵，他们的力量，保江山可以，推翻自己，再打一次江山，也不是不可能。而这些人中，最危险的，就是燕王朱棣。

朱允炆成为皇太孙的消息着实让朱棣吃了一惊，而后就是无边的愤怒。虽然朱棣很生气，可毕竟还处于发牢骚的阶段，当不上皇上，好歹咱还是个王爷，而且是个很重要的王爷。小皇帝想要坐稳江山，还要依仗自己。朱棣心里不服，冷静下来也就算了。

朱棣想错了，好好的日子，有人已经不想让他过了，朱允炆要和他过不去。

朱允炆登基后，就马不停蹄地开始了削藩行动。洪武三十一年（1398年），朱允炆将手伸向了周王朱橚，将他贬为庶人，流放云南。而后，朱允炆又雷厉风行地削去了代王朱桂、湘王朱柏、齐王朱榑以及岷王朱楩的爵位，将这些叔叔统统贬为平民，再无半点权力可言。

事情发展到这一步，傻子都能看出来皇帝要干什么。燕王不是傻子，他已经知道，安安静静地过好日子，没事上战场打个仗过过瘾，已经是他一厢情愿的想法了，他的侄子不允许他在王爷的位置上再干下去了。

这个时候，姚广孝又来了，他也已经知道了削藩的事情，燕王再不动手，下一个倒霉的就是他了。于是姚广孝又拿出自己的那套说辞，劝说朱棣起兵。

朱棣很犹豫，说："民心向彼，奈何？"（《明史》）姚广孝笑了笑，说道："臣知天道，何论民心。"意思就是说，王爷您不用担心这个，您若是起兵，是符合天意的，不用担心民心所向的问题。

这时候，姚广孝这类天文工作者的重要性就显出来了，古人往往将命运归结为天意，做什么事之前都要先问天，而星象就是天的语言。所以，像姚广孝这样能懂天文的，就往往很有价值。朱棣心里明白，如果再不有所行动，恐怕自己真的要失去一切，成为平民，多年的戎马，多年的富贵，让他的生存不能离开其中的任何一样。

打定主意的朱棣并没有盲目开始行动，他明白，和朝廷比起来，自己不仅没有丝毫道义上的优势，就连军事力量都不值一提。为了扩充军队，提高武装，姚广孝给朱棣出了不少主意，他要求朱棣马上召集人马，充实力量。什么流民、散兵游勇之类的，管他出身如何，先找过来再说。这样一来，朱棣的军队，人数很快就充盈起来。

光有人还不行，打仗不能挥着木头棒子上阵，要有兵器。可是从哪儿找这么多兵器？只有自己锻造了。很快，朱棣发现，问题来了。

现在人人皆知皇帝要削藩，这个时候在家里锻造兵器，谁会不知道你想要干什么？皇帝马上会采取行动。为了掩人耳目，赢得足够的准备时间，这个时候姚广孝又发挥了他绝佳的聪明才智。

朱棣住的府邸是元宫旧址，非常深邃，姚广孝把练兵的地点安排在后苑，距离正门有相当长的距离，这样就不会让练兵的声音传出去。然后，又挖了一个很大的地下室，"缭以厚垣，密甃翎甋瓶缶，日夜铸军器，畜鹅鸭乱其声"（《明史纪事本末》）。墙壁很厚，屋子四周还排列了很多大缸，这似乎有很好的隔音效果。

不过，即使隔音效果再好，敲打金属的声音也不会完全被过滤掉，姚广孝想了一个绝招，他在地下室的地面部分办起了副业，养了很多鹅和鸭，这两种家禽叫起来对人的耳朵简直是种折磨。就这样,即使地下的声音很大,混在家禽叫声中也不会被人发现。

事情进行得很顺利,没多久,朱棣就拥有了一支足以和朝廷抗衡的军队,且这支军队,兵丁彪悍,装备精良。朱棣看着姚广孝一手打造出来的成果,心里五味杂陈。

也许朱棣并不想造反,虽然他可能会抱怨,可能会不满,伺候一个小孩让他很恼火,但他可能真的不想走到今天这一步。王爷的日子挺好的,荣华富贵,地位显赫,就算不能一匡天下,却可以占据一方,过着舒心的日子。如果国家有难,还能披甲上阵,纵横驰骋。这样的生活多快乐,这才是朱棣想要的。

可就是这样简单的生活,朱允炆也不给他。朱棣知道,这个孩子怕他的叔叔们有异心,怕自己的江山坐不稳,怕自己终将死无葬身之地。那种"群狼环伺"的恐怖朱棣能理解,但这并不代表他会像那五个被废的藩王一样妥协,现实就是如此残酷,要么朱棣死,要么朱允炆死。

这是个很简单的选择题,而朱棣,不想死。

不过,在起兵之前,还有很多工作要做,朱允炆也不是瞎子聋子,他当然能够知道朱棣在做些什么,这场叔侄之间的较量,才刚刚开始。

玩不起的心理暗战

大殿之上，葛诚跪在地上，始终不敢抬起头来。他这次进京是带着任务来的，名义上是向皇帝报告一些藩王的消息，实际上，燕王让他来，还有一个更重要的工作，那就是打探京城的消息，给王爷做参考。现在，他正等着皇帝，能不能完成任务，还是个未知数。

突然，葛诚眼前出现了一双黄色的龙靴，同时，有一双手托起自己的臂膀，将自己搀了起来。葛诚一看，不是别人，正是当今的万岁朱允炆。

葛诚慌忙再跪，不料朱允炆免了他的礼，笑眯眯地问了他一些关于燕王的问题。不仅如此，朱允炆还不忘关心葛诚的生活，问问他俸禄多少、家里人可好之类的。葛诚没想到，这样一个年轻人，位居九五之尊，居然能够如此平易近人，和燕王的严酷相比，朱允炆就像和煦的春风，吹得葛诚热泪盈眶，也把他的任务给吹走了。

葛诚再次跪倒，向皇帝和盘托出自己此行的目的，说自己是燕王派来打探消息的。没想到,朱允炆一点儿都没有生气,反而安慰他,并询问他愿不愿意为皇帝做事,回到燕王身边,替自己监视燕王。

葛诚此时早已感动得一塌糊涂,哪里还能拒绝。过了几天,带着皇帝任务的间谍葛诚,离开应天,返回北平。葛诚走后,朱允炆陷入了深深的思考,一个月前,在这大殿上,他和黄子澄、齐泰的对话犹在耳边。

他们的讨论源于一道奏折,有人上报,说燕王、齐王有异心。于是皇帝招来了黄子澄和齐泰两个人,问他们该怎么办。黄子澄说:"燕王久称病,日事练兵,且多置异人术士左右,此其机事已露,不可不急图之。"(《明史纪事本末》)

听了这些,皇帝拿不了主意,就又问齐泰:"今欲图燕,燕王素善用兵,北卒又劲,奈何?"(《明史纪事本末》)齐泰听了,缓缓地将自己的想法说了出来:"今北边有寇警,以防边为名,遣将戍开平,悉调燕藩护卫兵出塞,去其羽翼,乃可图也。"(《明史纪事本末》)我们可以用防边的名义,把燕王的兵调到塞外去,这样一来,就能削弱他的力量,谋取他也就不成问题了。

经过一番激烈的争论,建文帝最终采取了齐泰的建议,他任命工部侍郎张昺为北平左布政使,谢贵为都指挥使,让这两个人在燕王身边,密切观察燕王的一举一动。

暗战,就此开始。

朱棣不是不知道自己身边新派来的这两个大臣是来干什么的,皇帝削藩之心已经昭然若揭,派两个人前来不过是明白地告诉自己,别轻举妄动,老实待着可能还有好下场。对于这两个堂而皇之来监视的细作,朱棣根本就没放在眼里,他做事一向滴水不漏,能被两个外人看出蛛丝马迹,这个王爷也不要做了。

在外朱棣一如既往地谨慎行事,回到家就马上操练军队,打造兵器。他以为这样就真的能掩人耳目,可是世上没有不透风的墙,千防万防,家贼难防。

这个家贼,就是朱棣的妻子,燕王妃徐氏。

说燕王妃是家贼,其实是有点儿冤枉她的。因为她怎么也不会想到,和亲人们聊聊天,就会把自己的丈夫出卖。聊天或许无关紧要,但要看和谁聊,聊什么。很不幸,燕王妃没什么倾诉对象,她唯一信任的人,就是她的同胞哥哥徐辉祖。

徐辉祖,魏国公徐达的儿子。一般来说,父亲太出色,儿子往往都没有什么出息,"虎父无犬子"只不过是个美好的愿望而已。可徐辉祖的存在,却成了将门虎子的完美诠释。他不像别的开国功臣的后代那样,顶着父辈的荣耀作威作福,相反,徐辉祖为人十分谦逊,在行军作战方面,很有徐达当年的风范,可以说,是一个不可多得的人才。更重要的是,徐辉祖对朱允炆忠贞不贰。

当皇帝下定了削藩的决心后,徐辉祖和自己妹妹的交往就密切起来。在燕王妃看来,自己的哥哥经常和自己聊天、拉家常是正常的事情。燕王正密谋造反的事,可能会有些冷落妻子,而这时,哥哥适时出现,让燕王妃有了倾诉的对象。也就是在倒这些苦水中,她不知不觉地将丈夫的一些日常活动告诉了哥哥。燕王妃怎么也不会想到,哥哥会把这些统统告诉皇上,燕王的行动,尽在掌握中。

看上去，朱允炆的地下工作做得非常好，可惜，他没想到的是，他会安插钉子在朱棣身边，朱棣同样会把定时炸弹埋在他的左右。

跟朱允炆相比，朱棣就是个彻头彻尾的社会青年，他知道，现在的人，大都掌握了一项技能，那就是随风而动，谁更强，谁能给自己带来利益，就听谁支配。朱棣别的没有，战功和名声有的是，在很多人眼里，燕王朱棣就是一个强者。强者如果手里拿着金钱，那他想知道什么就能知道什么。

朱棣没有选择别人，他把目光投在了皇帝身边的人身上。皇帝身边的人，除了老婆就是太监，朱棣没那么幸运，他是王爷，但不是国舅。于是，太监就成了朱棣下手的对象。

宫里的太监，是专门负责皇帝饮食起居的，想要了解皇帝，找他们最合适了。朱棣铆足了劲拉拢这些人，这些在宫里受苦受难的公公，一下子被人如此重视，还三天两头有人送礼，马上就昏了头了，燕王问什么，他们就说什么，有时说的比问的还多。

就这样，在地下工作这一块，朱允炆和朱棣打了个平手，这两人都知道了双方此刻在想什么，只不过这层窗户纸，还没被捅破。

就在所有人都认为朱棣应该老老实实别再惹事的时候，朱棣却做了一件让人目瞪口呆的事来。

建文元年（1399年）二月，按照规矩，新帝即位，藩王要入京觐见，朱棣自然也来了。来干吗？来捣乱。史书记载，朱棣"行皇道入，登陛不拜"（《明史纪事本末》）。走皇帝才能走的路，见到皇帝还不跪拜。

他的不敬行为引起了大臣的不满，监察御史曾凤韶上书弹劾，没想到朱允炆说了一句"至亲勿问"就给打发了。随后，户部侍郎卓敬上密折，说道："燕王智虑绝人，酷类先帝。夫北平者，强干之地，金、元所由兴也，宜徙封南昌以绝祸本。"(《明史纪事本末》)燕王是所有王爷中最像先帝的，如果现在不趁机解决他，恐怕后患无穷。

不知道此时的朱允炆脑子里想的是什么，面对大臣的这一正确提议，他居然说："燕王骨肉至亲，何得及此。"(《明史纪事本末》)气得卓敬大叫："隋文、杨广非父子耶！"(《明史纪事本末》)杨广都能谋害自己的父亲，亲叔叔又怎么样！朱允炆沉默良久，还是拒绝了，千载难逢的好机会就这样被他白白放走。

同样弱智的事朱允炆居然在几个月后又干了一次。时逢朱元璋的忌日，按惯例王爷应该亲自赴京去祭拜，可有了上一次的经验，朱棣知道，自己如果再去，就不会像上次那么幸运了。于是他上疏称病，这本是一个挺好的主意，可朱棣也犯了次傻，自己不去，竟然派自己的三个儿子替自己去，这不是摆明了要给人家送人质吗？

果然，当朱棣的三个儿子朱高炽、朱高煦和朱高燧到了京城后，齐泰立刻建议将这三个人扣留下来做人质。这个时候，黄子澄站了出来，表示了强烈的反对，他的理由是："不可。疑而备之，殆也，不若遣还。"不能让燕王有所防备，还是应该让他们回去。朱棣犯傻，黄子澄也聪明不到哪儿去。削藩已经是人尽皆知的事了，那五个王爷一夜之间成为庶民，难道是做游戏？

魏国公徐辉祖看到了皇帝的犹豫，马上上密折说："三甥中，独高煦勇悍无赖，非但不忠，且叛父，他日必为大患。"(《明史纪事本末》)朱棣的三个儿子，都是徐辉祖的外甥，舅舅看外甥，一般都看得比较准，不过徐辉祖看得也太准了，他不但不同意把这三个人放回去，同时还警告皇帝，说朱高煦这个人是三子中最无赖勇猛的，他不但不会忠于陛下，就连他父亲也不能让他忠心跟随。

历史终将证明徐辉祖的明智，以及黄子澄的无用。

皇帝最终同意了黄子澄的建议，将三子放回属地。当朱棣正后悔自己的行为时，看到三个儿子完好无损地回来了，简直不敢相信，高兴地仰天长叹："吾父子复得相聚，天赞我也。"(《明史纪事本末》)

通过这件事，朱棣算是彻底看清了他的对手朱允炆，没错，这个孩子有想法，但是他最大的缺点，就是太看重亲情，以致优柔寡断。这个特点，放在谁身上都是良好的品质，但放在一个皇帝身上，就是致命的短板。

朱棣抓住了这个短板，从此勇往直前。

明成祖朱棣

第二章
帝二代的"杜拉拉升职记"

史上最健康的精神病

金乌西沉,大路上,两个人行色匆匆赶往燕王府。他们就是建文帝朱允炆安排在朱棣身边监视他行动的北平左布政使张昺和都指挥使谢贵。他们得到了一个消息,燕王病了。

燕王一向身体不错,可是从京城觐见回来后就一直说身体不好,明眼人谁都看得出来,他这是在为不去京城参加先帝朱元璋的忌日找借口。皇帝放他一次,未必会放第二次。虽然他不能去,但也必须有人代替他前去祭拜,因此,朱棣的三个儿子就被派去应天参加典礼。本来朱棣后悔死了,想着这三个儿子一定是羊入虎口,再也回不来了。可没想到皇帝真的又向朱棣解释了什么叫没脑子,居然把三个儿子给送回来了。没有人质在皇帝手里,也不用再去京城,朱棣的身体按说应该好起来啊,怎么又病了?

朱棣装病确实是为了逃脱被扣留的命运,但这只是原因之一,更重要的是,朱棣需要时间,他要用装病来拖延时间。十几万人的军队还要再多加调教,将士们的衣食粮草也要去四方筹措,包括作战计划、行军路线、情报的搜集，这些，都需要时间，大把的时间。他朱棣不是神仙，不能一鼓作气就把几十万人、所有事情一瞬间安排妥当。这些事情，都要一步一步来，慢慢来。

毕竟这是造反，不是狩猎，更不是肃清边疆。后面两件事都可以由朝廷支持，钱多的是，花起来也不心疼。可造反不一样，这是一条不归路，从走上这条路的那天开始，就注定了不能回头的命运。不成功，便成仁。如果不仔细筹划，就会一步错，步步错，朱棣决不允许这样的事情发生。

时间从哪儿来，只能靠装病来欺上瞒下。装病朱棣还觉得不够真，索性装起疯来。一时之间，整个北平的人都知道了，堂堂大明王爷朱棣，疯了。

这个消息可不是朱棣府中人放出来的，传点儿假消息，未必能瞒过所有人的眼睛，这场戏，一定要朱棣亲自上场。最开始，疯子朱棣在大街上大呼小叫，专找人多的地方闹，扯扯这个的衣服，拉拉那个的头发，人们一看是王爷，也不敢跟他较真。接着，朱棣变本加厉，到了饭口就直接闯进人家家里，抓过桌上的饭菜就吃，根本不跟你客气。被闯人家也无可奈何，人家是王爷，平时见都难见到一面，能到你家吃饭是看得起你，虽然这个时候的王爷不太正常。

吃饱喝足了之后，朱棣还不消停，走到集市上，随便找个地方一窝，一睡就是一整天。这样的行为，知道的，是王爷疯了，不知道的，还以为是哪来的要饭的。确实，朱棣疯病的所有表现，都和乞丐没什么区别。有些人看到朱棣这个样子，只能背地里叹息，你看看，生在皇室又怎么样，说疯就疯了，泼天的富贵，又有什么用？

就这样闹了没几天，朱棣疯了的消息就传到了张昺、谢贵的耳朵里。这两个人开始还不信，为了一探虚实，这两个人决定亲自登门探病，人到底疯没疯，一试便知。

就在这两个人一边走，一边商量怎么试探朱棣的时候，一进门，眼前的一幕就让他们惊呆了。

那时正值六月，盛夏时节，待着不动都会出汗，天热得让人觉得扒了皮都不够凉快，可朱棣居然裹着条棉被，拥着个火炉，在二人面前烤火！

就在两个大臣还没缓过劲来，朱棣又加了把劲儿，哆哆嗦嗦地来了一句："寒甚！"（《明史纪事本末》）

疯了，绝对疯了，这么个天气，能不心浮气躁地扇扇子就不错了，他居然裹着棉被，烤着火，还说冻死我了！张昺和谢贵当时就决定，不用试探了，如果这样还不叫疯，那就是他们俩疯了。

张昺和谢贵问了几句就马上离开了，再不走，屋里那个大火炉就能把他们俩烤疯了。也正因为如此，他们也没来得及看清朱棣难挨的表情和脑门上的颗颗汗珠。

回去之后，两个人立刻上书朝廷，表明朱棣的现状，特别声明朱棣确实是疯了。皇帝看了，稍微放下心来。看来这个叔叔，也不过是外强中干。

皇帝那儿刚放心没几天，张昺和谢贵就被葛诚当头棒喝了一下，这个间谍反水之后倒是对皇上忠心耿耿，由此可见建文帝的怀柔政策效果卓著。葛诚告诉这两位大臣，说"燕王本无恙，公等勿懈"(《明史纪事本末》)。燕王根本就没疯，你们可千万别掉以轻心啊。

收到这个消息后，齐泰立刻做出反应。他做了详细的部署："即发符遣使，往逮燕府官属，密令谢贵、张昺图燕，使约长史葛诚、指挥卢振为内应。以北平都指挥张信为燕王所信任，密敕之，使执燕王。"(《明史纪事本末》)。这个计划其实很详密，首先，派人持逮捕令，前往燕王府逮捕所有的官属。同时，命令谢贵、张昺继续监视燕王，让葛诚、卢振作为内应，一旦有所行动，可以里应外合。最后，把逮捕燕王的任务，交给了张信。

这个决定，直接导致了整个行动的失败。因为张信，是燕王的旧部下，把这么重要的任务交给了一个并不可靠的人，齐泰这步棋，走得太臭。

张信接到任命后，十分为难，毕竟自己是燕王的部下，按道理应该站在王爷这边。可是，如果真的把事情告诉朱棣，也就意味着自己抛弃了朝廷，走上了反贼的道路，这个选择，不好做。好在，有一个人替他做了决定，这就是张信的母亲。老人家听说儿子要去逮捕燕王，居然大惊失色，教训他说："不可。吾故闻燕王当有天下。王者不死，非汝所能擒也。"(《明史纪事本末》)燕王哪里是你能捉拿的，那是会得到江山的人，是真龙天子，你可不能糊涂啊。

这个老太太的言论很值得推敲，她怎么会知道朱棣能不能坐上江山？很简单，朱棣想要起兵，就必须做好舆论工作，要让百姓支持他，就只能说自己身负天命，是潜龙在渊，有朝一日一定会一飞冲天。老太太们，尤其是没什么文化的老太太，对这些最信了，也多亏她信，救了燕王一命。

张信很听话，被母亲教训后，立刻决定帮助燕王。他马上赶往燕王府，没想到燕王根本就不见他，不得已，只得"乘妇人车，径至门求见"（《明史纪事本末》），这才被接见。

进门后，张信跪在床前，许久都没听到王爷的问话，一抬头，看王爷还在那儿装疯。张信没办法，只好说："殿下无尔也。有事，当以告臣。"（《明史纪事本末》）王爷您别装了，我有急事要禀报。

朱棣听了不为所动，依然坚持，"疾，非妄也"（《明史纪事本末》）。我真没装，我是病了。听到这话，张信都快笑了，他又说："殿下不以情语臣，上擒王矣，当就执；如有意，勿讳臣。"（《明史纪事本末》）您再不说实话，我也没办法，我身上就带着逮捕您的命令，如果您真想起兵，就别再瞒着我了。

事实证明，张信的话就是灵丹妙药，专治朱棣的疯病。听了张信的话，朱棣马上从床上起身，下地跪拜，说："生我一家者子也！"（《明史纪事本末》）然后，朱棣叫来姚广孝，一同商量造反的相关事宜。当时正好天降暴雨，房子上的瓦片掉了下来。朱棣看了，心里不高兴，没想到姚广孝却挺开心。朱棣骂道："和尚妄，乌得祥！"（《明史纪事本末》）你也太狂妄了，这有什么值得高兴的。

姚广孝笑笑，说："殿下不闻乎？'飞龙在天，从以风雨。'瓦坠，天易黄屋耳！"您没听过吗，龙行从云，这是大吉之兆啊。

朱棣听了，病好得更彻底了，从此恢复了健康，再一次生龙活虎。

朱允炆，把你的宝座让给我

等了许久，先锋张信迟迟没有行动，甚至连人影也没了，如同泥牛入海。为了安全起见，齐泰又派曾经打探过燕王朱棣的张昺和谢贵前往北平。这次出使，张昺和谢贵的身份大是不同，因为他们带上了皇帝朱允炆的诏书。他们有权率兵包围燕王府，甚至逮捕燕王朱棣的下属官员。

弄了这么大的排场，可见朱允炆削藩的决心很大。但是，朱允炆心慈仁厚，再三告诫张、谢二人，不可为难朱棣。但想削弱能征善战的朱棣，如果不用强力，不会有好结果。朱允炆姑息养奸，无论从他的性格上，还是从行动上分析，削藩都是矛盾的，因而不会有好结果。

与朱允炆不同，朱棣却是一个敢想敢干的人。张信告密后，朱棣当机立断，召集大军，任命大将张玉和朱能为帅，严密保护燕王府。燕王府的保卫工作还没布置妥当，张昺和谢贵就捧着圣旨，优哉游哉地来了。府上的兵力太少，无法与中央大军抗衡，朱棣就摆空城计。经过细心安排，朱棣彬彬有礼，恭请张昺和谢贵进入燕王府。燕王府比地狱还可怕，张昺和谢贵死活都不去，坚持要求朱棣走出来，跪接圣旨。

在紧要关头，朱棣又使一计，他告诉张、谢二人，已经逮捕妄图造反的人，需要中央使者进府，验明造反者的身份。对方老奸巨猾，张昺和谢贵应付不过来，只得进入燕王府。他们是这么想的：圣旨没要求抓捕燕王，即使朱棣图谋不轨，也不会这么快就发难。

尽管燕王府很恐怖，但作为朝廷的使者，张昺和谢贵认为，他们的命还是勉强可以保住的。

在大堂中央，朱棣坐着，一副上气不接下气的样子，好像疯病还没好。

想到外面传说，朱棣是装疯的，张昺和谢贵不禁对望一眼，心扑通扑通地跳，刚想转身跑出去，大堂上突然冒出一帮凶神恶煞一样的武夫，将他俩团团围住。

见张昺和谢贵连胆都给吓破了，朱棣有气无力地咳了一声，众武夫纷纷散开。朱棣说了几句话，都问中央对他装疯的看法。张昺和谢贵被吓傻了，说话结结巴巴，就像有口吃。

一小会儿后，侍仆端来瓜片。张昺和谢贵正想找个话题岔开这个关于装疯的痛苦的谈话，就伸手接瓜。

突然，朱棣直挺挺地跳起来，大嚷大闹。朱棣的意思是，虽然身为皇亲国戚，他每天都为生命担忧，简直生不如死。既然没有比生不如死更坏的了，他就什么都敢干。

接下来的事就很简单了，张昺和谢贵被捆绑起来。他们是生是死,全在朱棣的一念之间。

按理说,张昺和谢贵是带着军士来的。他们被捆绑,带来的军士应该站出来干预。但是,这两个人不仅轻信,还很迂腐。进门时,燕王府上的人告诉他们,其他军士级别不够,不能进入王府,张昺和谢贵竟然死守迂腐的规矩。

既然中央颁发了逮捕的诏书,已经被逼上梁山了,朱棣就要大干一场。在大堂正中央,当着府上诸人的面,张昺、谢贵和葛诚等几位中央使者,统统被朱棣斩首示众。

中央的使者被杀了,不管朱棣当初的意愿如何,结果只有一个:他走上了造反的路。造反是一条不能回头的路,只可往前,不成功,就成寇。

张昺和谢贵等领头羊被杀害后,中央派来的其他军士顿时成了乌合之众,纷纷沦为朱棣的刀下鬼。之后,燕王府就像喷发了的火山,让整个北平城都震惊了。因为,从燕王府上,冲出一支凶悍无比的军队,以闪电般的速度,眨眼间就占领了北平的九道城门。

占领北平的九道城门,就意味着掌握北平城的控制权。尽管朱允炆之前花费了无数心思,苦苦安插忠臣良将守卫,北平城最终还是落入朱棣的掌心。因为朱棣不仅老谋深算,还有几位厉害的大将。在占领北平城的战斗中,朱棣的大将张玉,就立下了很大的功劳。

相比而言,朱允炆安插的将领,死的死,伤的伤,逃的逃,真的不堪一击。

那时,朱允炆安插的将领宋忠驻扎在北平城外,还没等宋忠反应过来，不到三天，朱棣就控制了北平城。叛军虎视眈眈，就像一群发疯的恶狼。为了保全实力，宋忠只得退守怀来。

俗语言：名不正，则言不顺；言不顺，则事不成。对朱棣而言，起兵造反事易，找一个正当的理由最难。在道衍的帮助下，朱棣找到一个勉强可以说得出口的理由："朝无正臣，内有奸恶，则亲王训兵待命，天子密诏诸王统领镇兵讨平之。"（《明史》）

以这几句祖训为根据，打着"靖难"的旗号，朱棣的军队浩浩荡荡地向南方的都城进发。

更让朱允炆措手不及的是，朱棣竟然先修书一封，告诉皇帝，说他身边有奸谗小人，朱棣出兵，只为清除这等小人。

老将出马，不一定能顶俩

叛军首战告捷，势如破竹，气势大增，不到二十天，就聚集了好几万人。

朱棣以"靖难"为旗号，为了证明自己的合法性，朱棣废除朱允炆建文的年号，改用洪武的年号。

洪武年间，那是令功臣闻风丧胆的年代，因为有功之臣接连被诛杀。所以，凡是开国功臣，几乎无人不害怕这个年代，除了一人，他就是耿炳文。

耿炳文是朱元璋的同乡，随朱元璋一起打天下，可以说是身经百战。朱元璋称帝后，封耿炳文为长兴侯，优礼厚待。

耿炳文被封为长兴侯，因为他曾在长兴立下汗马功劳。想当年，彪悍的张士诚死攻长兴城，但无论如何都没能攻破，因为守将是耿炳文。耿炳文坚守长兴城十年之久，就相当于为朱元璋拖住张士诚十年，功劳真的不小。

朱元璋麾下有很多能征善战的勇将，善于守城的却很少，因此耿炳文的功劳就显得更大。打下江山后,朱元璋需要的是守御疆土的大将,因而耿炳文能够平平安安地度过恐怖的洪武年间。

事实证明,留下耿炳文,非常有用。首先,即使耿炳文想造反,也损害不了大明朝的稳固;其次,如果有人造反,可以派老将耿炳文出马。一句话,留下耿炳文,利大于弊。

朱棣既然是能征善战的老将,而耿炳文善于守城,朱允炆就派耿炳文抵御自己这位皇叔。朝廷给耿炳文三十万大军,他本可一举踏平朱棣叛军。但是,姑息养奸的朱允炆多说了一句话,使耿炳文不敢放开手去干。

朱允炆再三提醒耿炳文,不能伤害他的叔叔朱棣,因为他不想背上杀害叔叔的恶名。

自古皇权斗争,伤及亲人,甚至是手足或者父母,都是不可避免的事。朱允炆爱惜名誉,过于仁慈,注定干不成大事,甚至会反受其害。

八月份,正是将收庄稼的时间,耿炳文率领大军驻扎在真定。朱棣勇敢多谋,耿炳文不敢掉以轻心,而是分军三路,成品字形驻扎,互为掎角之势。

中央大军以猛将杨松为先锋,进驻雄县;徐凯为右军,驻守河间;潘忠为左军,驻守莫州。

敌军的人马还没到齐,阵势还没摆好,朱棣就看出了耿炳文的意图。

既然耿炳文自恃人多势大,打算像沙丘移动一般,稳扎稳打,一小口、一小口地将叛军吞下肚,朱棣就派出骁勇善战的张玉对付这位老将。

耿炳文是很稳重的人，张玉却是很张狂的人。两人相遇，注定有一番好戏。

经过一番军事侦察，张玉觉得，中央大军毫无纪律，更没有斗志，先锋杨松没有谋略，潘忠和徐凯更是不足挂齿，耿炳文老而无用。他保证，只要能放开手大干一场，他一定能为朱棣打开通往南方帝都的道路。

由北平到南方的帝都，要经过山东。山东百姓，都是很讲忠义的大汉，不好对付。既然张玉放出豪言壮语，朱棣就放手让他大干一场。

叛军继续向前进发，直到离杨松的驻扎地很近的娄桑。朱棣的胆子很大，竟然在一个月明之夜偷袭杨松的军队，因为那一天是中秋。

中央大军不仅纪律涣散，甚至没有防备意识，竟然在中秋佳节喝得烂醉如泥。叛军杀入大营，砍杀中央大军就像砍萝卜一样容易。杨松被吓得魂都没了，竟然忘了组织军队抗击，而是一味向潘忠求援。

求告刚刚发出，杨松就中了朱棣的奸计。因为朱棣之所以大举攻击先锋杨松大营，却又不火速攻破先锋部队，就是要引潘忠和徐凯前来相救。接到求救信号，潘忠想都不想，火速出军雄县。路过月荡桥时，突然炮声四起，桥边立刻冒出无数叛军的脑袋。酣战半刻，潘忠军队全被歼灭，潘忠本人被活捉。紧接着，前线传来消息，先锋部队也被歼灭，杨松死于乱军之中。

见叛军锐气当头，中央大军中就有人见异思迁，代表人物是张保。尽管是耿炳文的部将，张保还是相信，耿炳文不是朱棣的对手。他告诉朱棣，中央大军有三十万，但还没齐集。叛军应该趁中央大军还分散时攻击，如果等中央大军集合完毕，那就不容易对付了。

听到这么好的消息，人人欢呼，甚至张玉等大将都高兴得手舞足蹈，只有朱棣一人很沉着。朱棣告诉张保，让他转告耿炳文，只要中央大军没集合完毕，即使只差一个人，他绝不会进攻。

众人听后，无不瞠目结舌，张保差点连眼珠都给瞪出来了，都不相信朱棣真的会这么做。

朱棣这么说，主要有两个原因：第一，他不敢相信张保。如果张保说的是假话，一旦叛军进攻，就等于自寻死路。第二，叛军气势太盛了，朱棣总想一举成名。只有等中央大军集合完毕了，赢了一场规模宏大的战争，才能够青史留名。

事实证明，朱棣是对的，耿炳文果然将所有的军队都合在一处。不过，耿炳文没有主动出击，而是静静地等着，让朱棣先发起进攻。

耿炳文的履历告诉世人，他是一个善于防守、不会进攻的人。他自己也知道，如果贸然带兵进攻，说不定会上朱棣的当。耿炳文不害怕朱棣的气势，而是害怕朱棣的计谋。他决定等着朱棣来进攻。他有的是时间，而朱棣却没有，因为朱棣的后勤供给不如自己，多拖延一天，他付出的代价就会增加一倍，唯有进攻才是出路。

耿炳文一直静静地等着,等待朱棣出现在中央大军的正前方。但是,朱棣没出现在正前方,而是领着一支几千人的精锐队伍,绕到西南面,突然猛攻。中央大军的主力都在正前方,西南方一下就被攻破。耿炳文被杀了个措手不及,两个大营被攻破,死伤无数,血流漂橹,尸体堆积如山。

人老了,但刀不老。耿炳文火速组织军队,列出阵势,抗衡叛军。就在这个时候,正面的叛军大声擂鼓,发起地动山摇般的进攻。

尽管两面受敌,耿炳文还是很沉着,不失老将的风范。

在叛军的三大将领——张狂的张玉、傲慢的谭渊和果敢的朱能——摧枯拉朽般的攻击下,中央大军的正面战场损失惨重,伤亡数字直线上升。更令耿炳文感到伤痛的是,朱棣所带领的几千精锐将领,已经绕到中央大军的身后,杀得中央大军毫无还手之力。

尽管腹背受敌,四面楚歌,耿炳文还是保全了一部分军队,艰难地退守滹沱河东。中央大军几万人,哭爹喊娘地逃跑,追逐的人却只有以朱棣为首的三十几个人。老将耿炳文本想马上就杀回去,但是,仔细一想,耿炳文还是放弃了,因为他相信朱棣身后早已安排下伏兵。

没命地苦奔了一阵后,耿炳文带领残兵败将,上气不接下气地躲入真定城。

兄弟,"借"我一点兵

中央大军腹背受敌,无论是前方还是后方,都深受重创,这使耿炳文更加不敢小觑朱棣。自从平安退守真定城起,耿炳文就只认一条真理:紧闭城门,死守不出。

叛军不仅张狂,甚至不要命。在追击耿炳文所带领的几万逃军过程中,不仅朱棣只带着三十几个人猛追不放,到后来,竟然冒出一个不要命的朱能。朱棣都撤军不追了,朱能仍然带着几十位部下,死追不放。

更令中央大军闻风丧胆的是,朱能不仅追击,甚至是大追、猛追,速度越来越快。他所带领的几十个人,如流星一般地追上中央大军,硬生生地杀进去,连杀带俘,一共吞并三千多个中央军士。

退守真定城后,耿炳文坚守不出。叛军攻了几天,真定城固若金汤。朱棣拿他没办法,就想撤军,攻打其他地方。但是,上天突然掉下一个无用的将军,又给了朱棣一次机会。

从双方的优劣来看,耿炳文之所以坚守不出,因为他善于守城，而朱棣善于进攻。如果耿炳文进攻，等于伸长脖子等朱棣拿刀来砍。相反，如果耿炳文坚守，就可以化劣势为优势。首先，坚守可以充分发挥耿炳文的特长，有利于牵制朱棣的进攻优势；其次，时间一久，叛军的后勤供给必然难以支撑，到时就会自然瓦解。可惜，朝中的高官，包括朱允炆本人，都不了解战局。他们只知道，耿炳文先是大败，接着坚守不出，有辱中央的声威。

为了朝廷的声威，也为了个人利益，无谋的黄子澄竟然保荐李景隆代替耿炳文。听到李景隆即将带领大军前来的消息，叛军无不害怕，只有朱棣笑得最开心，因为李景隆只是一个好看但不实用的花瓶。为了李景隆上任一事，中央内部出现了分裂。以黄子澄为首的一派死力支持李景隆，原因很简单，如果名将之后李景隆成功剿灭叛军，黄子澄等人就会升官。以齐泰为首的另一派反对，他们认为，李景隆是纨绔子弟，只会高谈阔论。

也许是朱允炆太年轻了，也许是求胜心切，他竟然任命李景隆为主帅，撤掉老将耿炳文，让他回家养老。

穿上华服，手掌帅印，坐上大轿子，李景隆趾高气扬地开赴前线。他之所以敢如此傲慢自得，是因为中央给了他五十万大军。五十万大军是一支骇人的军队，朱棣却不这么认为，因为五十万个李景隆都比不上一个耿炳文。

军队作战，讲求军队的素质，更讲求主帅的谋略。与耿炳文相比，李景隆简直只有三岁小孩的大脑，叫朱棣如何不高兴？

为鼓舞士气，朱棣告诉众人，尽管李景隆身后有五十万大军，但比不上一个退守真定城的耿炳文。朱棣的意思是，连耿炳文这等身经百战的开国元勋都被击败了，对付纨绔子弟李景隆自然非常容易。

算起来，为了清剿叛军，中央已经派出八十万军队了。再估算国家军队的数量，朱棣发觉，中央军队就要枯竭了。如果能够挺过五十万大军这一关，皇位的宝座就是他朱棣的。

可是，五十万大军，就算绑起来砍头，也要砍几天几夜，何况他们都是活蹦乱跳的大活人。再说，如果中途杀出一个勇谋过人的小将军，说不定朱棣的一辈子就完了。

叛军的兵力很勇猛，但是人数太少了，朱棣决定借兵。

前往借兵之前，朱棣先做了妥善的安排，命长子朱高炽坚守北平城。朱棣再三嘱咐，北平城是他们父子的根基，无论花费多么大的代价，北平城都不能失陷。

朱棣的言外之意是：如果北平城存，朱高炽就活；如果北平城失陷了，朱高炽就要以身殉城。下一道死守城池的命令给自己的儿子，还是身患残疾的长子，可见朱棣是豁出去了。

接着，朱棣派遣军中大将开往前线，虚张声势，吓唬李景隆的五十万大军，希望能够拖住中央大军前进的速度。

中央大军中没有勇谋兼备的厉害人物掌舵，见到凶狠的叛军，果然退缩了，前进的速度不知不觉放慢。

一切都在掌握中，朱棣很高兴，带领随身侍卫，只身前往拜见宁王。

中央大面积削藩，作为藩王之一，宁王的势力也受到打击。宁王善于谋略，但是没有勇气，不敢公然起兵反叛。

叛军首领燕王到来，宁王做了两手准备。如果朱棣劝说其造反，宁王坚决不听，甚至可能逮捕朱棣，交给朝廷；如果朱棣是来做客的，宁王可以尽地主之谊，为朱棣向朝廷说些好话。因为，宁王认为，中央的五十万大军会将朱棣砍成齑粉。

朱棣一行来到城门口，进入宁王城的却只有朱棣一人，其他人都驻扎在城门外。宁王一见，对朱棣的防范之心即刻松懈，手拉手，开始叙旧。

利用宁王轻信的弱点，朱棣很悔恨地说，他一时糊涂，不该起兵造反。中央的五十万大军将他吓傻了，希望宁王顾念兄弟情谊，为他向中央求求情。

宁王听后，心里非常舒畅，一口应允。趁宁王松懈警备之心时，朱棣说，他的军士驻扎在城外不方便。对方的话还没说完，宁王就命麾下最精锐的朵颜三卫前往迎接。

朱棣此行，只有一个目的，收编宁王最精锐的朵颜三卫。朵颜三卫是一支特殊部队，装备也特殊，因而战斗力十分强劲。当然了，宁王没有蠢到家，他不允许朱棣的军士带着武器进城。朱棣表示，他们是来做客，不是来打仗，只带礼物，不带兵器。

在宁王府的这些天，朱棣很规矩，该说的才说，该看的才看，绝没有走错一步。宁王很纳闷，像朱棣这样守规矩的人，怎么会造反呢？

几天后，朱棣说他要回北平城了，不能再逗留了。宁王感到很遗憾，因为朱棣彬彬有礼，很像一位谦谦君子。分别时，朱棣悄悄地告诉宁王，希望宁王加入"靖难"的行列。宁王一听，瞪大眼睛盯着朱棣，义正词严地拒绝了。朱棣从来不允许对方有第二个选择，他的眼皮一动，就有军士站上前，要挟宁王。宁王觉得，朱棣也太大胆了，在他的地盘上，竟然敢动武。可是，朱棣真的动武了。

对方已经拔出鬼头刀了，宁王大喝一声，没有人响应。宁王接着大喝一声，还是没有人响应，精锐部队朵颜三卫的将士呆呆地站在原地。就在这个近乎凝冻了的时刻，宁王发现，朱棣笑了，笑得很诡异。原来，朱棣带来的礼物，不是一般礼物，而是令人心动的金钱。朱棣表面规规矩矩地陪宁王吃饭、聊天、散步，他的部下却暗中收买了朵颜三卫。

朵颜三卫见钱眼开，纷纷倒向朱棣。宁王非常懊悔，恶狠狠地看着朱棣。朱棣还是微笑，笑得很诡异。朱棣收编宁王的部队和精锐的朵颜三卫，时间是十月。

当然了，宁王府上也有忠勇之人，以朱鉴最为杰出。从开始到结束，朱鉴都反对朱棣，眼见宁王受到威胁，为了救主，朱鉴力战而死。

"靖难"之役，不仅是一场权力争夺战，也是一场是忠是奸的考验。

啃不下的硬骨头

朱棣一路南下，如入无人之境，大军逼近济南。

铁铉是河南邓州人，官居山东参政，官职卑微，只够格管理大军的粮草。从白沟河起，铁铉就负责李景隆大军的粮草供应。作为后勤人员，李景隆跑到哪里，铁铉就跟到哪里。一路上，铁铉不断收编残兵败将，气势不大，但也非同小可。

"诸城堡皆望风瓦解，铉与参军高巍酾酒同盟，收集溃亡，守济南，相与慷慨涕泣，以死自誓。"（《明史纪事本末》）与李景隆这种只管自己逃命的孬种相比，铁铉真是一位铁骨铮铮的汉子。纵观铁铉的一生，只能用一句话形容：位卑未敢忘忧国。铁铉抗击朱棣，全凭胸中的一腔忠义之气，因为他是一个很纯粹的知识分子。洪武年间，国子监直接任命铁铉为礼部给事中。朱允炆登基后，提拔铁铉为山东参政。

像那个时代的其他知识分子一样，铁铉只认一个道理：朱棣是扰乱国家秩序、破坏社会安定的作乱分子，因而必须铲除。凭着这份信念，铁铉毅然奔赴济南，渴望救万民于水火中。在赶往济南的途中，他遇上了日后并肩作战的知己，辽州人高巍。

紧接着，济阳的教喻官王省，也加入申明君臣之义、解救万民的行列。当着叛军的面，王省公然"升明伦堂"。"集诸生曰：'此堂明伦，今日君臣之义何在？'遂大哭，诸生亦哭，以头触柱而死。"（《明史纪事本末》）。

带领着一路上收编的残兵败将，铁铉和高巍火速赶往济南。令他们感到荒诞的是，李景隆先他们一步，逃离济南城。更令人感到痛恨的是，李景隆麾下有十几万大军，他竟然不组织抵抗朱棣。李景隆抛弃的不仅是济南城，还有十几万大军，还有无数生命。

主将逃亡，兵士也跟着逃亡。就在没有勇将，也没有守兵的艰苦条件下，铁铉带领他收编的残兵败将，入驻济南城。在济南城中，铁铉遇上一个注定要与他齐名的将领，此人名叫盛庸。盛庸是李景隆的部属，但他实在看不惯李景隆的窝囊，决定守城，以死报国。

那时的济南城，就像一锅粥，稠得不能再稠。首先，治安环境很乱，什么人都有，多么恶劣的事都会发生；其次，百姓饱受战乱，流离失所，生活在痛苦之中；再次，军队疲弱，缺乏斗志。还有，朱棣率领十几万大军，运着火炮，转眼就到济南城。

几个书生就想守住济南城，朱棣想不笑都不行。刚开始，朱棣只派一支小分队攻城，本认为很容易就能攻陷，结果却令他很失望。因为铁铉站在城头，以不怕死的大无畏精神激励兵士守城。

既然济南难攻，朱棣就用计。察看济南的地形后，朱棣认为，用水攻最好。如果叛军用河水攻城，济南百姓必然遇害。就在这个关键时刻，铁铉也用了一计。第二天，有人前去叛军大营，商量投降一事。朱棣围困济南城，已经有几个月了。对方愿意献城，他很高兴。

铁铉提的要求是，为表示诚意，朱棣应该只身入城，接受献城。在朱棣就要进入城门的关键时刻，城门上突然砸下一大块类似铁板的东西。但是，这个东西落得太早了，没将朱棣困在城门内，而是砸在朱棣所骑的马头上。

就因为早了那么一小会儿，诈降的事败露了。朱棣知道，铁铉想骗他入城，因而恨意更浓。逃回大营后，朱棣下令，调动火炮，无论如何，一定要攻破济南城。

火炮一排排地飞向济南城，不一会儿，城墙都被削了几寸。照这个情势发展下去，济南被攻陷，只是早晚的事。背负着这么多人的性命，铁铉眉头一皱，计上心来。突然之间，济南城墙上，挂出一块大木牌。

朱棣看到木牌后，马上下令，禁止开炮。因为木牌上写的那几个字，朱棣奉若神明。那几个字就是：大明太祖高皇帝神牌。叛军的旗号是"靖难"，造反的根基是"朝无正臣，内有奸恶，则亲王训兵待命，天子密诏诸王统领镇兵讨平之"。如果朱棣炮轰朱元璋的神牌，就等于毁灭自己造反的理由，造反就没了合法性。为了保全合法性，朱棣只能对着济南城干瞪眼。

"燕王愤甚，计无所出。"（《明史纪事本末》）可见铁铉的这一招很管用。

小小的一座济南城，花了几个月都没攻陷。军师道衍认为，军队已经疲惫了，气势已经不在了，朱棣应该班师回北平，另做打算。

叛军刚刚撤退，盛庸就追杀出去。中央大军一路高奏凯歌，驱杀叛军几百里开外，甚至连德州都光复了。前线传来捷报，朱允炆非常高兴，提拔铁铉为山东布政使，紧接着又升其为兵部尚书。

打不死的英雄

朱允炆大力封赏铁铉和盛庸,既为嘉奖,也为激励他们继续战斗。从当时的局势看,北平一带,已经是朱棣的势力范围。因此,朱允炆这个皇帝,不过是南方的小皇帝。

为了清剿叛军,朱允炆授意盛庸,出兵北伐。

建文二年(1400年)十一月,中央大军还没准备好北伐,就传来朱棣第二次南下的消息。攻破沧州城后,叛军锐气当头,势如破竹,在几天内就攻陷德州,接着济宁等地相继陷落。

大火就要烧到眉毛了,尽管还没准备好,盛庸照样出兵抗击。两军相遇,中央大军接连败退。盛庸的表现没有以前勇敢,朱棣看后,感觉盛庸一定有阴谋。

然而,前方帝都的诱惑太强烈了。如果不乘胜追击,一旦错过时机,朱棣也许会遗憾终身。为了理想,即使前方是刀山火海,也要硬闯。

由于盛庸一再败退,连曾经令朱棣极为难堪的济南都被攻陷了。不到一个月的时间，叛军已经攻到东阿、东平一带，大军兵临东昌。就在东昌，朱棣再一次遭逢了平生的劲敌。

在大明历史上，盛庸是一个来历不明的人。连《明史》都没弄清楚，盛庸生于何时何地，父母是谁。盛庸对付叛军的方法，也让朱棣感到摸不着头脑。突出表现是，朱棣并不知道，叛军能够顺利进入东昌，全是盛庸的安排。第一次败给盛庸，朱棣就派人调查盛庸的履历，调查结果连朱棣都不相信，因为资料显示，盛庸是一个经常失败的人。

根据史料，盛庸曾经在耿炳文麾下担任参将，接着又跟随李景隆。李景隆太爱逃亡了，在济南城一役，盛庸终于看不下去，拒绝逃亡。因此，从盛庸的资料看，朱棣找不出他的弱点。但是，盛庸经过无数次失败，终于发现了朱棣的弱点。

叛军只有十几万人，却敢如此猖狂，第一个原因是他们骑兵多，善于横冲直撞，很勇猛。第二个原因是，朱棣用兵，总是先率领骑兵突袭敌军的侧翼，将对方搅乱。一句话，叛军能够一路南下，骑兵的作用不小。

来到东昌城，朱棣看到一个很奇怪的现象，盛庸的军队竟然背城列阵。按常理，作为守城的一方，盛庸应该紧闭城门，命令军士站在城头。盛庸的部署违背常理，朱棣开始感到，盛庸并不那么简单。

不仅朱棣不能理解盛庸的部署，连盛庸的部属也不能理解。接到出城列阵、迎战叛军的命令时，大军一片哗然。人人都觉得，盛庸分明就是让他们去送死。骑兵是叛军的主力，只有火器和弓弩能够对付。在战斗之前，盛庸就制造了大量火器和弓弩，还在箭头上涂抹毒药。

战鼓一响，朱棣身先士卒，领着一支骑兵，火速冲向盛庸的右侧翼。令他惊异的是，盛庸的侧翼像泰山一样难以动摇。就在这短短的一瞬间，盛庸的部下炮、箭齐发，射杀无数叛军骑兵。朱棣立刻调整战术，掉转马头，直攻盛庸的中军部队。

果然如朱棣所料，盛庸的中军部队不堪一击。他还没攻到，盛庸的中军部队就溃散了。朱棣意气风发，率领大军，死命追击。地形越来越狭窄，朱棣感觉很不对劲。当他发觉上当后，已经深深陷入盛庸大军火器和弓弩的包围中了。

在火器和弓弩的猛烈射杀之下，叛军即刻陷入混乱之中。朱能凭其超人勇猛，侥幸杀出重围。但是他发现，朱棣还深陷重围。在危急关头，朱能再次挺身而出，冲入重围，拼尽全力将朱棣救走。

东昌一战，朱棣捡回一条命，却丢失了爱将张玉。张玉是朱棣麾下的第一勇将，见主人深陷重围，他也杀进去救主。张玉杀进重围时，朱棣已经被朱能救走了。在乱军中，张玉力战而死，被砍成肉酱。

紧接着，平安又率领大军来到，加入围剿的行列。东昌一战，叛军伤亡几万人。

尽管东昌一战是斩杀敌首极多的战役，但并非一场彻底胜利的战役，因为朱棣毫发无损地逃脱了。

几万支火器，再加上几万个弓弩手，连第一勇将张玉都被砍成肉酱，为何朱棣能够毫发无损地逃脱？难道真有神灵帮助他？究其根源，不是有神灵帮助朱棣，而是朱允炆过于纵容。

朱棣被围困几次，之所以能够全身而退，全因为朱允炆的一句话："诸将以天子有诏，毋使负杀叔父名，仓促相顾愕贻，不敢发一矢。"(《明史》)

战争打到这个程度，结果已经很明显，朱棣是打不死的英雄。朱棣是叛军的首领，是叛军的精神寄托。只要朱棣不死，无论环境多么恶劣，他都能聚集一帮死士进行造反。朱允炆不识大体，过于仁厚，最终的结果是为自己挖掘坟墓。

既然朱允炆没有杀害朱棣的心意，他的征讨大军中就没有敢杀朱棣的人。照此推理，靖难之役是一个很奇怪的历史现象。朱棣想抢朱允炆的宝座，朱允炆顾念血缘亲情，不忍心杀害朱棣。因此，从一开始，朱允炆的性格特点，就注定他是天生的失败者。

叔叔你好狠

经过不到一年的休整，建文三年（1401年），朱棣第三次率军南下。听到消息后，盛庸率军北上。两军在夹河相遇，依河扎营列阵。

经过一番侦察，朱棣发现了中央大军的缺点。在叛军阵营中，朱棣告诉诸将，中央大军只有火器和弓弩的优势。他们很不灵活，只要叛军骑兵能够把握时机，找到中央大军调动的空隙，一定可以击破对方。

于是朱棣命令两支骑兵，分别进攻中央军队的两翼。盛庸也看出了朱棣的意图，死守中军，使得大军岿然不动。

只要中军不动，朱棣就找不到中央军队的破绽。双方战到中午，互有死伤，但都不能彻底打败对方。但是，突然刮起一阵旋风，飞沙走石。借此天赐良机，朱棣大驱军马，杀得中央大军哭爹喊娘。

叛军乘胜追击，连吴杰和平安都被吓傻了，又一次躲进真定城。在朱棣阴谋诡计的引诱下，吴杰忘记坚守城池的职责，领军出战。在战斗过程中，朱棣再次发挥打不死的本领，上天还刮起旋风，叛军大胜。

前线捷报频传，后方却是危机四伏。

趁朱棣带兵南下，河北、山西一带的地方军队倾巢而出，大举压向北平城。

尽管北平告急，朱棣还是继续向前，因为他收到一个天大的好消息——帝都空虚。中央屡次派遣大军北上清剿，数目不下一百万。那些拥护朱棣的宦官，就偷偷地告诉朱棣，帝都没有大军守卫。

经过道衍点化，朱棣绕开久攻不下的济南，掉转马头，径直挺向兵力薄弱的徐州。这个转变太大了，铁铉和盛庸等人想都没有想到，还在死死守卫济南。

没有遇上重兵抵抗，叛军一路南下，势如破竹。1402年，朱棣连克东阿、东平、单县，大军笔直地向徐州挺进。为保卫徐州，平安带领大军，风一般地向朱棣追来。到达徐州后，平安发现，徐州城完好无缺。现在的朱棣，没有以前执着了。只攻打徐州城一次，没有攻下，他就领着军队，攻打宿州。道理很简单，条条大路通帝都。只要打下宿州，同样可以通往帝都。

领着几万大军，平安追得上气不接下气。好不容易追到泗河，又被朱棣暗藏的伏兵杀得人仰马翻。尽管军队损失了大半，平安还是紧紧追击不放。追了大半个月，平安终于在淮水追上了叛军。两军沿河列阵，恶狠狠地瞪着对方。夜半，朱棣领军偷袭，平安大败。在中央军就要被围歼的时候，突然杀出徐辉祖的军队。叛军大败，大将李斌被斩。

时值夏天，天气炎热，军粮供给又不足，军士们都提议，渡到河东。在关键时刻，军士说出这种颓丧的话，朱棣很生气，他告诉大家，想渡到河东的，站到左边。

一阵沉默后，所有的叛军，除了朱棣一人，都站到了左边。虽然如此，但是，没有一个人敢渡到河东去。第一个原因是，朱棣非常生气，军士都被吓蒙了。第二个原因是，如果单个人渡到河东，必然被中央大军砍死。不仅朱棣走上了不归路，连跟随他一起造反的人，也都走上了不归路。现在只是直奔帝都，为自己的命运而战。为了抵抗叛军，朝廷让徐辉祖回师南京。徐辉祖走后，单凭平安的军队抵挡不住朱棣。中央军刚刚撤退，朱棣瞄准时机，偷袭后勤部队，抢了好些军粮。叛军乘胜追击，将平安围困在灵璧。中央军没粮，大闹粮荒，差点发生哗变。

被困孤城，还缺乏粮食，只有突围可以活命。可惜，平安的运气不好，在突围过程中，被活捉了。灵璧一战，朱棣活捉三十七员中央猛将。此战一结束，朱棣领着大军兵临扬州城，扬州守将王彬被属下出卖，扬州城不攻自破。而直到扬州被攻陷，朱允炆才知道，朱棣并非善类。

暴力不能解决一切，却能解决你

在扬州城里，叛军整天大吵大闹，非常猖狂。朱允炆看着冷冷清清的皇宫，开始后悔了，在他的一生中，削藩是错，纵容朱棣也是错。

朱棣的大批军马，向浦子口开来。驻守浦子口的，是中央的最后一员猛将盛庸。战斗初期，盛庸占据了上风。眼看大业将成，却在临门一脚的时候栽了跟头，这是谁也不愿意看到的。为了救助父亲朱棣，朱高煦带来一支生力军，迅速加入战斗。朱棣打了三四年的仗，从没听说过朱高煦的军队。朱高煦此次加入战斗，是因为朱棣就要当皇帝了。看来，这个儿子跟他的父亲一样，很会隐藏自己的实力，直到确定有肉吃才出手。

朱高煦是这么想的，他的大哥朱高炽身体不好，一定活不长。朱棣当上皇帝后，只要朱高炽一死，继承皇位的就是他。不仅他这么想，在战斗中，朱棣也这么说。

权力的诱惑是无法抵抗的，朱高煦鼓起一股猛劲，片刻就打败

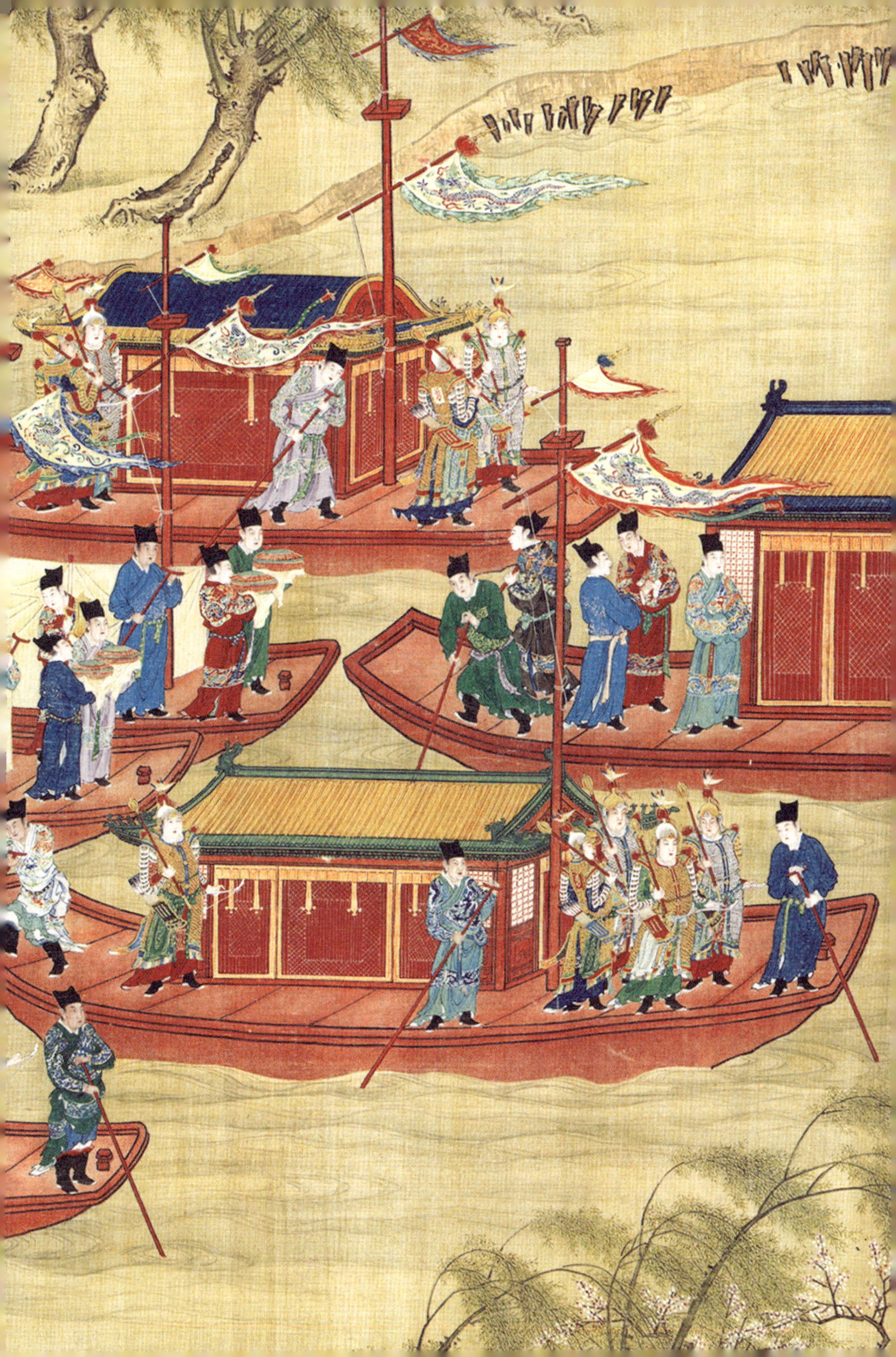

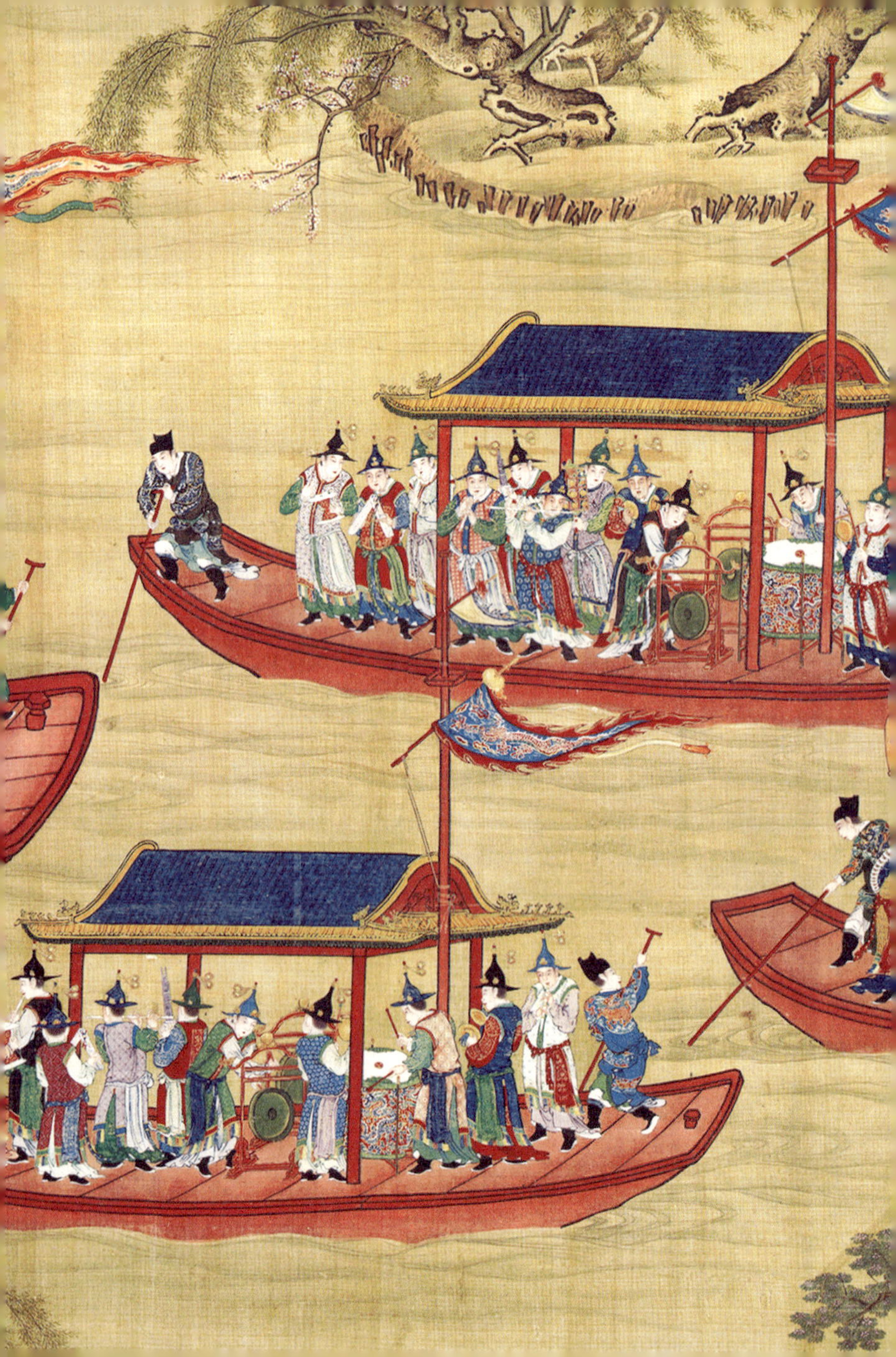

了中央军队。打败盛庸军队后，叛军顺江前进，朱棣终于看到京城了。但他并没有显出高兴之色。京城的城墙，不仅用花岗岩砌成，甚至加上糯米石灰，非常坚固。再说，京城里面，也还有十几万军队，轻易攻不破。

那些胆小怕死的大臣，刚刚听说叛军围城，就劝朱允炆弃城而逃。站在道德的高度，方孝孺认为，无论如何，天子都不应该弃城而逃。如果天子抛弃皇宫，就等于抛弃祖上的基业，就证明朱棣造反有理。

老臣们又问方孝孺，万一京城被叛军攻破了，该怎么办。方孝孺声威凛然地说，如果京城真的被攻破了，为了江山社稷而死，也是应该的。京城没有被攻破，只是朱允炆被出卖了。负责镇守金川门的朱橞和李景隆贪生怕死，在叛军的软硬兼施下，打开了城门。朱棣领着大军终于冲进了皇宫，朱允炆也终于清醒过来。万分伤心之余，他一把火，将整个富丽堂皇的皇宫烧得噼噼啪啪地响。朱棣浴血奋战四年，差点连命都丢了，赢来的不过是一堆灰烬。

在皇宫的灰烬里，没有朱允炆；在被抓捕的人中，也没有朱允炆；在为保卫皇宫而战死的人中，也没有朱允炆的尸首。朱允炆活不见人，死不见尸，成了今后朱棣的噩梦。

京城的一场大火，不仅烧毁了皇宫，也将朱允炆的下落烧得不明不白。《明史》记载，有的人说朱允炆死了，有的人说他还活着。朱棣当上皇帝后，四处打探朱允炆的下落，错杀了很多人，但都没能证实朱允炆的去向。

尽管朱棣打赢了，但很多老臣，仍然骂他是乱臣贼子。为了证明自己不是乱臣贼子,朱棣大开杀戒。凡是反对朱棣登基的人,没有一个幸免于难。

齐泰、黄子澄和练子宁四处招募军队,渴望开展大反攻,最后被擒,以死殉主。为了表明自己的节气,黄观夫妻,先后投江而死。在台州,一个砍柴的樵夫,听说京城被攻陷后,也投湖而死。

这些年,朱棣最恨的人就是方孝孺。中央大军北伐时,方孝孺写了一篇很精彩的讨贼檄文。朱棣看了那篇檄文后,气得吐血。道衍也告诉朱棣,方孝孺是天下读书人的楷模。如果攻陷京城,无论如何,一定要招降方孝孺。

为了招降方孝孺,朱棣做了很多工作。但是,无论朱棣如何表现,方孝孺都拒绝投降。就要登基了,朱棣请方孝孺写一篇布告天下的诏书,方孝孺还是一口拒绝。

在朱棣的强行压制下,方孝孺拿起笔,却写了"燕贼篡位"四个大字。朱棣忍无可忍,以灭九族威胁方孝孺。方孝孺大义凛然地说,即使灭十族,他都不怕。朱棣成全了方孝孺,加上方孝孺的朋友和学生,朱棣灭了方孝孺十族。在中国历史上,这是唯一规模涉及十族的灭族惨案。

建文四年(1402年)六月己巳,朱棣在南京奉天殿即皇帝位,改次年为永乐元年(1403年)。从此开始了他二十二年的统治。

第三章

激情燃烧的永乐岁月

解缙的悲剧人生

从振兴大明朝廷的角度分析，朱棣是一位英明神武的皇帝。连中国历史上在位最久的康熙皇帝都认为，朱棣是一位功勋卓著的皇帝。

在大明历史上，凡是影响后世的历史伟绩，几乎都出自朱棣之手，《永乐大典》的编撰就是杰出代表。

《永乐大典》初名叫《文献大成》，是一部大型类书。凡是被收录进《永乐大典》的著作，都没有一个字的删改。在21世纪的今天，《永乐大典》已经上升为中华民族宝贵的文化遗产。

提到《永乐大典》，就不能不说它的主要编撰者，大明的大才子解缙。如果说方孝孺是大明的第一才子，除了解缙，没人敢居第二。后人之所以非常尊崇方孝孺，是因为方孝孺很有气节，并且遭遇中国历史上最悲惨的灭十族惨案。

尽管被污名化，解缙仍然活在人们的心中。因为，凡是知道《永乐大典》的人，就相当于知道解缙。卷帙浩繁的《永乐大典》

能够成书，数解缙的功劳最大。

解缙是江西吉安府（今江西吉安市）人，生于洪武二年（1369年）。上天赐予他读书、写诗、作对子的才华，从小他就被誉为天才。例如，"门对千竿竹短无，家藏万卷书长有"，"闲人免进贤人进，盗者休来道者来"等出名的对子，都出自解缙之手。明人吴宽认为，"永乐时，人多能书，当以学士解公为首，下笔圆滑纯熟"（吴宽《匏翁家藏集》）。

解缙还未走出家门，他的才气已经驰誉大江南北。洪武二十一年（1388年），解缙一举考中进士，名播全国。在考试期间，天空出现一颗大星星。深信阴阳术数的朱元璋认为，那是国家昌盛的好兆头，将会有大贤才辅助他。

在朱元璋的大力提拔下，解缙平步青云，官越做越大。当着众人的面，朱元璋多次对解缙说，"与尔义则君臣，恩犹父子，当知无不言"。这话的意思是，在名分上，朱元璋与解缙是君臣关系；在情分上，就是父子关系。如果朱元璋有什么错漏，解缙应该全部指出。

洪武年间，朱元璋诛杀无数功臣，当时情况十分恐怖，没人敢上书劝止，只有解缙不怕。解缙多次上书，大胆进言，直陈肺腑。那些年，解缙的勇气和气节，能与后来的方孝孺相媲美。

但是，常在河边走，哪有不湿鞋。洪武二十四年（1391年），朱元璋告诉解缙，大凡高才，都是大器晚成。解缙锋芒过露，应该先回地方去锻炼十多年。十年之后，再来京师。解缙被贬的原因很简单，就是他不畏暴政，大胆说真话。

这次被贬,解缙苦等了七年。即使过了七年,朱元璋也没有醒悟,而是越陷越深,最终走向死亡。

被打入冷宫七年的日子,是痛苦而落寞的。解缙似乎变了一个人,知道圆滑权变了。他抓住朱允炆刚刚登基的大好时机,接连上书,四处拉关系。

经过一番求爷爷、告奶奶的辛苦奔波,解缙终于可以回京了,在翰林院任职。但是,他的命不好,屁股还没坐热,靖难之役发生了。作为大知识分子,解缙洞察到,朱允炆必败。他的两个好朋友兼老乡,胡广和王艮,也这么认为。

胡广是建文二年(1400年)的状元,王艮是同年的榜眼。说起状元,王艮最心痛,因为他考试成绩第一,却被降为榜眼。在殿试中,朱允炆以貌取人,将状元赐给长得比王艮英俊的胡广。

在一个静悄悄的夜晚,解缙、胡广和王艮三人,围坐在一起,谈自己的理想,讲各自的去向。第一个发言的是解缙,他一张口就陈说大义,言辞慷慨激昂。胡广深受感染,起身立誓,以身殉国的决心无比坚定。

外面战火纷飞,屋内言辞激昂,王艮仍然不为所动。他默默然,一句话都没说,眼泪却淌个没完。王艮一个字都没说,谁都不知道他怎么想。但是,隔壁的吴浦告诉他的儿子,在这三个人中,别看王艮一句话都没说,要数王艮最有操守。

后面的事实证明,吴浦是对的。京城还没被攻破,解缙急忙收拾包袱,连夜出逃,投靠朱棣。紧接着,胡广也投靠朱棣。江西吉安府的另一位名人李贯,也随波逐流,投靠朱棣。

灭了方孝孺的十族后，朱棣重用解缙，命他主持编撰一部百科全书。凡是编书，都需要知识分子。编撰的规模越大，需要的知识分子就越多。为了广招天下有才之士，朱棣下令，要编一部"包括宇宙之广大，统会古今之异同"的方便检索的百科全书。通过编书一事，大批知识分子被笼络到朱棣身边。这本书编成后，就是名垂青史，令无数学者叹为观止的《永乐大典》。

《永乐大典》收录的古籍达七八千种，上至先秦，下到明初，凡是成文的著作都收集了。全书包括经、史、子、集、释、庄、道、戏剧、平话、工技、农艺、医卜、文学等内容，无所不包。据统计，全书22937卷，仅目录就有60卷，装成11095册，约3.7亿字。如此大规模地修书，在之前从没有出现过。

《永乐大典》修好后，朱棣不止一次向人夸耀，赢得解缙的归附，是上天对他的垂怜。但是，朱棣本人，一点儿都不垂怜解缙。

国内局势刚刚稳定，以朱高炽和朱高煦为首，朝廷内部就开始争夺继承权。解缙深受长幼观念影响，全力支持朱高炽。

为了确定继承人，朱棣找解缙谈话。朱棣问，谁更适合继承他的皇位，解缙回答是朱高炽。但是，朱高炽身体不好，可能活不长。解缙又说，就算朱高炽没有福气，也应该立长孙为太子；无论如何，绝不能立次子。很奇怪，朱棣也认为，继承皇位的，应该是长子。朱棣不是朱元璋的长子，为了皇位，他就起兵造反。然而，他又立长子为太子，这从侧面证明他当皇帝不合礼法。

为了抢夺继承权，朱高煦设了一个圈套。他大肆发展个人势力，并且采取一些不符合身份的举动。解缙发觉后，立刻向朱棣打小报告。紧接着，朱高煦一党进谗言中伤解缙，说他僭越，干涉皇族内政。更令朱棣恼火的是，解缙公然反对出兵安南（今越南）。朱棣的理想是做一位开疆拓土的千古帝王，解缙竟然阻碍他。朱棣一怒之下，将解缙贬到广西。

这次被贬，解缙又等了四年。永乐九年（1411年），朱棣率军出征蒙古，起用解缙到化州督饷。

打通层层人事关系后，解缙有了一次进京汇报工作的机会。不巧的是，朱棣出征未归。既然到了京城就不能空手而归。大着胆子，解缙私下去见了太子朱高炽。

朱高煦一党抓住这个把柄，再次中伤解缙，说他"伺上出，私现太子，径归，无人臣礼"。这次大难，解缙被打入大牢，并且一关就是四年。人生有很多苦日子，解缙的苦日子，全部加起来，一共有十五年。

如果不是锦衣卫纪纲向朱棣汇报囚犯的名字，朱棣才知道解缙被关在大牢里。这四年里，朱棣日理万机，连曾经有解缙这么一个人都给忘了。

看到解缙的名字，朱棣的第一反应是，"缙犹在耶"。联想当时的情景，朱棣想问，解缙还活着吗？可惜，朱棣并没有救出解缙。相反，他的这一问，反促使一件惨案发生。纪纲回到大牢，拖出解缙，将其活埋在大雪里。

《永乐大典》的主要编撰者，大才子解缙，死于活埋，年仅四十七岁。

迁都，迁出了一段帝国盛世

朱棣成功进入帝都应天，是一项伟大的成就，但也暴露了大明朝廷的缺陷——没有燕王朱棣和宁王朱权，北平就没有安宁的日子。趁靖难之役，大明朝廷周边的藩属国，纷纷发动叛乱，打起了争取独立的战争。最为突出的是，趁北平空虚，蒙古军队屡次南下。

在明太祖朱元璋的安排中，燕王朱棣和宁王朱权负责保卫北方。靖难之役爆发后，不仅朱棣的军队全部投入南方战争，甚至连宁王的军队也都被收编。没有专门对付蒙古骑兵的朵颜三卫，蒙古军队一路南下，势如破竹。

更糟的是，北平守将沈永是个无能之辈，一味听任蒙古骑兵烧杀抢掠，还隐瞒不报。直到大批难民如潮水般涌向南方，中央才知情。朱棣听说后，勃然大怒，拖出沈永，一刀砍了。

蒙古大军南下侵犯一事，促使朱棣做了一个惊天动地的决定。因为朱棣的这个决定，大明朝政治格局从此改变，并且影响后来的清朝，甚至影响今天的中国。

永乐六年（1408年），朱棣向群臣宣布，迁都北平。

这项诏令刚刚颁布，朝廷内部即刻分裂为两派，北方一派举双手赞同迁都，南方一派不同意迁都。北方一派以朱棣为首，附和者多是参加靖难之役的武将。理由很简单，他们的家在北平。到了南方后，吃得不习惯，住得不习惯，连天气都适应不了。

朱棣虽然生在应天，可是他的大半生都是在战乱中度过的。朱元璋打天下时，非常繁忙，连给朱棣取个名字的时间都没有。还有，不满二十一岁，朱棣就被派往风沙肆虐的北平。那时的北平，除了一座破城，一无所有。

经过若干年的努力，朱棣在北平建立了自己的家庭，生了孩子，养了自己的军队。北平不仅是朱棣的根基，还是他的家。拿北平与应天比，朱棣觉得，应天只是皇权的象征。再说，朱棣的皇权是抢来的。如果将帝都迁到老家北平，不仅可以证明他的合法性，也好开展他的千古帝业。

反对迁都的南方派，大多是从小就生长在南方的儒学之士。他们也是习惯了应天懒散的生活，爱好优美的山清水秀的风景。北平，不仅风沙大，连水源供给都不充足，叫人怎么活。在这批儒学之士心里，北平只适合当兵的人驻守。

尽管反对派的呼声很高，意见很大，朱棣还是力排众议，坚决迁都。朱棣的意思是，迁都北平是死命令，只可以实行，没有商量的余地。遇见这么一位英明神武的铁腕皇帝，南方的反对派不敢再坚持自己的意见。但是，反对派问朱棣，如果迁都北方，粮食问题

069

怎么处理。

那时的北方还没开发，一大片接一大片的不毛之地，不适宜种植庄稼。如果全国的重心向北平移动，必定会牵连很多人。倘若粮食供给不足，必然发生叛乱。再说，如果不安排好相关配套设施，肯定有一大部分人违背诏令，死拖活赖，不肯搬离应天。如此一来，明朝就可能出现两个政治中心。朱棣远在北平，就不能控制应天。倘若前朝余孽在应天发动叛乱，朱棣的皇位就危险了。

面对这个大难题，朱棣从三个方向开始工作。首先，派遣军队开凿从应天到北平的漕运，保持河流通畅。其次，大力修建北平城，无论如何，一定要建得比应天大，比应天富丽。再次，迁移百姓，让他们去开垦北平周边的土地。

首先修好的是水利工程，在奏章里，工部尚书宋礼写道，"南极江口，北尽大通桥，运道三千余里"。在中国历史上，开凿运河的朝代很多，数明朝最成功，因为没有引发大的叛乱。1421年，北平城修建工程竣工。朱棣一声令下，全国迁都。为了修建北平城，前前后后仔细算起来，一共修了十五年，共征调军工、民工累计二三十万人。在这期间，整个大明的重心都向修建北平城这个浩大的工程倾斜。无论是工匠、粮食，还是建筑材料，朝廷首先满足修建北平城。

现在的紫禁城，就是朱棣留给后世的杰作。不算护城河与城墙之间的绿化带，紫禁城占地面积72万多平方米，宫殿占地面积16万多平方米。紫禁城内的建筑严格按照"井"字形布局，规划得非常整齐。更令人意想不到的是，北平城不仅建造得金碧辉煌，体现了皇家的气派，甚至还建设了下水道系统。

坐在北平城，看着整个大明的版图，朱棣开始了他梦想的千古帝业。但是，迁都北京后，发生了无数令人心惊肉跳的天灾，全国的很多大城市都发生了火灾。联系起朱允炆是自焚而死的，很多反对迁都的南方大臣就借题发挥，指责迁都的过错。

听了这帮腐儒的言论后，朱棣勃然大怒，将呼声最强烈的萧仪给杀了。杀了萧仪后，朱棣放出话来，迁都是一项死命令，无论如何，必须执行。如果有谁胆敢违背，萧仪的下场就是他们的下场。

如果没有朱棣的坚持，北平就不会成为大明的国都。朱棣依据北平起家，北平城仿佛被上天注定了，要见证朱棣的永乐盛世。

万国来朝，我很欣慰

永乐朝之所以被后世推崇为永乐盛世，是因为朱棣在政治、经济、文化和外交方面都做出了杰出的贡献。其中，最令朱棣感到自豪的是，他实现了"万国来朝"的美梦。

作为一位军人，朱棣坚毅果敢。大明周边的国家，无论是大是小，是强是弱，只要敢向朱棣挑战，朱棣就敢应战。朱棣不是百战百胜的将军，可是，每一次出兵，无论条件多么恶劣，他都一定会坚持到最后，坚持到赢。如果失败而回，朱棣会积蓄力量，奋发图强，争取下一次获胜。靖难之役，朱棣屡败屡战，这是他的坚毅和执着的最好体现。

朱棣还是一位手腕极其灵活的政治家。为使周边国家诚心归附，他施展了灵活的外交手段。郑和几次南下，耗费国家大量钱财，全因朱棣一人支持。郑和所到之处，无论是大国还是小国，都以大明朝的名义，赠送大量珍宝。作为交换，那些国家纷纷表示，承认朱棣，归附大明。

郑和率领的船队，绕过东南亚，一直航行到非洲。在这期间，东南亚和非洲国家的使臣，一共有三百多人次来华朝拜，平均每年有十次。这些国家所派遣的使臣，不是三个两个，而是一大群，而且来的使臣一次比一次多。永乐年间，在大明首都的大街上，随处可以见到外国使臣。

更令后世皇帝感到望尘莫及的是，在朱棣的慷慨关照下，满剌加、文莱、苏禄等国家的国王，亲自率领使团，前往中国拜见朱棣。大明太有吸引力了，好多使臣来了就不想走，甚至赶都赶不走。据统计，外国使臣来华，居留时间是两三个月。

浡泥王和苏禄王，来到大明就不想走了。他们在中国居住了很长的时间，最后在中国病故。他们留下的唯一遗嘱是，能够安葬在中国。朱棣也不介意为他们举办隆重的葬礼，将浡泥王葬在南京，葬苏禄王在德州。

作为国君，浡泥王和苏禄王竟然渴望被安葬在中国，可见中国对他们的吸引力之大。

那个时候，琉球群岛上有三个小国家，分别是中山、山南和山北。为拉拢明朝，中山国派出大批使臣，风风光光地来朝拜。山南国和山北国听说后，不甘落后，派出更多使臣，朝拜的规模比中山国还大。这些小国家在互相竞争，看哪国对中国的朝拜最热烈，以此得到政治和军事上的援助。

散财童子下西洋

距今六百多年前，有一天，素有"天下第一港"之称的江苏太仓刘家港码头沸腾了。港口四面桅樯如林，人头攒动，锣鼓震天，一改往日的静谧。在一艘昂首翘尾、漆成棕黑色的宝船上，一位气宇轩昂的壮年男子静静地凝视着那一片海。那里将是他未来的旅途，是他必须面对和打拼的地方，他的目光里透着坚毅和豁达，还有一丝不易觉察的迷惘，是啊，海的那边是什么？是不是还是无边的海？这个答案谁也不能告诉他，他只能自己去寻找。

这一天正是明朝永乐三年（1405年）的六月十五日，历史铭记了这一天，同时也记住了这一天的第一主角——郑和。因为，他要率领着世界上第一支由两百余艘舰船和两万七千八百多名官兵组成的庞大船队向未知的海洋出发了，这是一次史无前例的远洋航行。这支船队将泛海南下到福建的长乐候风，等到冬天东北季风吹起，云帆交挂时，他们就要起航。

众所周知，这次出航的领袖是一位太监。在世人的印象中，太监在明朝就是以祸国殃民为能事，没有其他作用。可是，郑和却做出了惊世之举。其实命运就是这样，它对每个人都很慷慨，它会给每个人机会，只要能抓住并加以利用，就有可能流芳百世；同时命运也爱开玩笑，说不准就会让人遗臭万年。郑和的运气出奇地好，他被命运眷顾了，且是可以流芳百世的眷顾。

但是仅有命运的眷顾是不够的，流芳百世的关键是自己能够抓住这转瞬即逝的机会，并趁机改变自己的人生，甚至改变世界。历史选择了郑和，郑和也以自己的成绩回报了历史。柏杨先生说："郑和是中国第一位海上英雄。他下西洋，跟公元 2 世纪张骞出使西域一样，都是为中国凿开了一个过去很少人知道的混沌而广大的天地。"

确实，所有的成功者都有类似的经验，而所有的失败者都有各自不同的借口。面对历史的选择，像张骞一样，郑和，已经准备好了。

洪武四年（1371 年），郑和出生于云南一个回族家庭，当过僮仆的他，是马哈只的儿子，只有一个小名"三保"。现代学者根据《郑和家谱首序》《赛典赤家谱》考证，郑和为元朝政治家、中亚布哈拉贵族赛典赤的六世孙，如果情况属实，那么可以说他的先祖是异常显贵的。

洪武十四年（1381 年），朱元璋派大将傅友德、蓝玉等率三十万大军征讨云南。在战乱中，年仅十一岁的郑和被明军掳获阉割，在军中做"秀童"。在那个还不知道屈辱为何物的年龄，郑和便遭受了如此屈辱，是坏事，亦是好事。云南平定之后，郑和随军调往北方，他因"丰躯伟貌，博辩机敏，有智略，习兵法"，被选送到北京燕王朱棣的府邸服役，深得燕王的喜爱。看来有可能出身于贵族的他，血液中真的遗传了贵族精神，要不然何以轻易便修得文武全才呢？其中天赋的东西是不容忽视的。

后来，在靖难之役中，郑和跟随燕王朱棣南征北战，立下了不少战功。朱棣登上皇位后对郑和更加信任。永乐二年（1404年），朱棣为表彰郑和的功绩，亲笔写了一个"郑"字，赐他为姓，从此更名郑和，史称"三宝太监"。虽然在现在看来，自己的姓氏生生被别人给改了，这是让人不能容忍的事情，但是在古代，由皇帝赐姓，这可是莫大的荣耀，也许这使得郑和对朱棣的忠心比对他的江山还要牢固，朱棣大概也认识到了这一点，所以对他委以重任，派他出使西洋，揭开了郑和七下西洋的序幕。

无论如何，郑和是像英雄一般地出发了，因为他有做英雄的资本：首先是政治资本，朱棣这天下之王站在他这一边，亲友团的身份够高；其次，他身后有一个世界最强大王朝的支持，经济上没有问题，不至于让自己在海上漂泊着，还要受饥饿之苦；最后，郑和天赋高，要文能文，要武能武，又在皇帝身边，什么事情都见过，经过千锤百炼之后，也是一位合格的政治家和军事家，统领几万人还是小菜一碟的，这难不倒他，至于以后在海上的情况，也自能随机应变。

于是，待东风吹拂，他便号令将云帆张起，一个辉煌的中国航海时代拉开了帷幕。

从永乐三年（1405年）至宣德八年（1433年），郑和率领着当时世界上最大、最先进的船队七下西洋，访问了印度洋、阿拉伯、东非各国，航程十万余里，最南到爪哇，最北到麦加，最西到非洲东海岸。航行中"云帆高张，昼夜星驰。涉彼狂澜，若履通衢"，场面十分壮观。

郑和带着他的百艘战舰以及万名官兵，航行在茫茫的太平洋和印度洋上，来往于马六甲海峡，此庞然大物，足可称霸沿海各国，但是郑和下西洋的宗旨是和平外交。有明成祖的昭示为证："今遣郑和赍敕普谕朕意，尔等只顺天道，恪守朕言，顺理安分，勿得违越，不可欺寡，不可凌弱，庶几共享太平之福。若有虏诚来朝，咸锡皆赏。"皇上下旨，谁敢不从？更何况中国人天生爱好和平，怎可能起恃强凌弱的坏心。因此，这七次航行被后人以和平的名义称颂着。北大前副校长、史学家何芳川曾经评价："自从有人类文明以来，文明之间就有交流、交汇。在整个文明的交流与交汇史上，唯以郑和为代表的中华民族对外交往最文明。因为，它最和平。"

确实，郑和的航行一直谨遵皇上的旨意，要和平，不要侵略，不要战争。但是，出门在外，人生地不熟，总有挨欺负的时候，郑和也遇到了这样的情况。第一次航行，到旧港（今苏门答腊巨港）时，遭到了以陈祖义为首的一伙海盗的拦截，这一伙人也是不知天高地厚，结果被郑和率兵击溃，捉了他们的头目。第三次航行，路过小国锡兰，国王贪婪，欲抢郑和的财物，于是让王子缠住郑和，并派兵五万劫掠船队，情况十分危急，郑和却艺高人胆大，仅以两千人的力量攻占了王宫，活捉了锡兰国王，送回中国，结果他并没有被杀，反而被送回锡兰，从此这个小国成了明朝的忠实拥趸。第四次出海，郑和又率队击败了苏门答腊数万人的袭击。总之，这几次都是人不犯我、我不犯人的战役。

当然郑和下西洋不只与这些冒犯天国之威的人争斗，船队所到之处，做的第一件事就是"开读赏赐"——宣读大明皇帝的敕谕，是为"宣教化"，包括"颁中华正朔，宣敷文教"。老实说，大航海对外传播了中华文明，输出了先进的科学技术，为世界文明的进步真的做出了巨大贡献。同时郑和远航，"宝船"带往各国的，都是华夏文明的瑰宝，无论丝绸、瓷器、药材，还是工艺品、金属器物等，都十分精良，堪称极品。这些带给沿途国家朝廷的赍赐品，换来了朝贡的繁荣，当时各国来明使臣络绎不绝，以求得到明朝的庇护，同时还可以得到丰厚的赏赐。据统计，明成祖在位的22年中，与郑和下西洋有关的亚非国家使节来华共318次，最多的一次有十几个国家的朝贡使团同时来华，出现了"诸番臣充斥于廷"的盛况。

可以说，郑和下西洋施行睦邻友好、互利双赢的和平交往政策，不仅推动了当时中国海外贸易和经济的发展，而且促成了马六甲及东南亚长达一百年的兴盛和繁荣。

第四章

谁叫你当刺头

你的狡猾背叛了我的善良

自明朝开国以来，蒙古就屡屡扰乱大明统治者治理天下的思路。如果明朝强盛，蒙古军队就乖乖地待在长城以北放马牧羊；如果明朝发生动乱，即使是南方的边境有事，蒙古骑兵也蠢蠢欲动。前文说了，朱棣迁都的一个原因，就是防御蒙古。

洪武年间，明朝军事力量雄厚，多次出征蒙古，蒙古就此一蹶不振。此后，蒙古分裂为三大部，分别是鞑靼、瓦剌和兀良哈。蒙古地区资源紧缺，他们又不敢侵犯大明，只能开展内部竞争，因此这三大集团的关系很不好，可以说是不共戴天，有你没我，有我没你。

鞑靼部属于正统的蒙古本部后裔，它的首领鬼力赤是蒙古黄金家族的传人。黄金家族建立了横跨欧亚大陆的蒙古帝国，蒙古部落都引以为荣，渴望恢复祖上的霸业，可鬼力赤不这么认为。鬼力赤觉得，人生短短几十年，一晃眼就过了。既然明朝不打压他们，让他们安安心心地生活在北方大漠，彼此和谐最好。

可惜，在鞑靼内部，只有鬼力赤一人爱好和谐，高呼和平的口号。他的副手太保阿鲁台对和平很反感。回想往昔的大元帝国，阿鲁台也有一个值得他奋斗终身的梦想——恢复成吉思汗的事业。

令阿鲁台敢放开手大干的是，凡是正统的鞑靼人，在内心深处都渴望建立一个强大的国家。接下来的事就如顺水推舟般容易，阿鲁台发动兵变，杀害鬼力赤，拥立元朝宗室本雅失里为汗。本雅失里也是一位帝国情结很深的人，在阿鲁台的辅助下，他将整个北方大漠闹得天翻地覆，恶狠狠地打击了瓦剌和兀良哈。

蒙古内部出现分裂，明朝充分利用这个机会，一会儿帮助鞑靼，一会儿借兵器给瓦剌，一会儿又为兀良哈出主意，想彻底瓦解蒙古。一来二去，经过艰苦卓绝的战斗，鞑靼发展成了蒙古的第一大部落。

成长壮大后，鞑靼醒悟了，觉得应该联合瓦剌和兀良哈，共同抗击明朝。本雅失里的意思是，鞑靼、瓦剌和兀良哈都是蒙古族人，是自己人。明朝是外人，是敌人。只有自己人联合起来，一同对付外人的道理，没有联合外人伤害自己人的道理。

永乐七年（1409年），鞑靼杀了明朝的使节郭骥祭旗。在永乐盛世，凡是敢动明朝使节的国家，一定没有好果子吃。杀害明朝的使节，就是变相地向明朝皇帝的权威挑战。朱棣听后，二话不说，只丢给朝臣一句话：出征蒙古。

经过千挑万选，朱棣任命大将邱福为征讨蒙古的主帅。在靖难之役的白沟河战役中，邱福奋勇当先，直击李景隆军，尽管没有成功，朱棣还是很看好邱福。朝廷调拨十万大军，打蒙古很容易。肥水不流外人田，有一个容易建立军功的机会，应该送给参加靖难之役的老功臣。

邱福的身份是淇国公，享受公爵的待遇。经历了几十次恶战，邱福也认为，如果让他出征蒙古，立功是很容易的。仔细算一下，参加靖难之役的老臣，死的死，伤的伤，已经没有几个了。朱棣大着胆子起用邱福，除了照顾邱福外，另一个目的是表明他不忘故旧、重用老臣，这是树立榜样，让后生小辈效仿前辈，为朱棣千古一帝的大业贡献力量。

永乐七年（1409年），邱福领着十万大军，浩浩荡荡地向蒙古进发。为确保这是一场必胜的战争，朱棣派遣四位大将辅助邱福，分别是两位副将王聪和霍亲，右参将军李远，左参将军王忠。

朱棣是这么想的，虽然邱福很轻敌，找这四个谨慎的人辅助，一定可以弥补邱福轻敌的过失。大军都出发了，朱棣对邱福还是很不放心，又派遣特使，叮嘱邱福不可轻敌。同上次见朱棣一样，邱福还是假装恭恭敬敬地领命而去。

怀着美好的理想，邱福大驱军马，一路高歌猛进，速度非常之快，一眨眼就深入蒙古腹地，直达胪朐河。在胪朐河，邱福遇到蒙古军的第一次阻击。这支蒙古军队人很少，不堪一击，两军还没交战，他们就散了。

有一位蒙古官员来不及逃跑，被明军抓住。邱福刚发问，连大刑都没用，对方就招了。他告诉邱福，鞑靼军主力在前方三十里处，毫无防备。如果明军兼程前进，一定能杀阿鲁台一个措手不及。成功在即，邱福领着十万大军，飞一般向前方挺进。

一路上，邱福军遇到几次疲弱的鞑靼军的抵挡，但他们都不堪一击。有的时候，埋伏在路旁的鞑靼军见到邱福军后，连打都不打，转身就跑。敌军如此不堪一击，甚至都给吓跑了，邱福越看越高兴。但是，右参将李远觉得很不对劲。他告诉邱福，追了几十里，只见零零散散的敌军，要防备阿鲁台诱敌深入。

每遇到一拨不抵挡就跑的鞑靼兵，李远就向邱福进一次言。可惜，邱福被期望胜利的愿望蒙住了眼睛，耳朵也被堵住了，看不到阿鲁台的诡计，也听不进忠言。最后，李远直接站到邱福的马前，拉住马缰，阻止主帅前行。

作为下属，李远敢公然教训主帅。邱福勃然大怒，威胁李远，如果李远再乱说有损大军士气的话，他一定会砍李远的头来祭旗。李远是对的，邱福军每前进一步，就更深一步陷入鞑靼的计谋。

等邱福军完全进入埋伏圈后，阿鲁台一声令下，无数骑兵从四周的小山坡上直冲下来。明军毫无防备，邱福也没有能力迅速组织抵抗。十万大军被鞑靼骑兵分割成彼此不能救护的几大块，最后纷纷死在鞑靼的铁蹄下。

永乐七年（1409年）八月，前线传来消息，邱福十万大军全军覆没，主帅邱福被踏成肉泥，李远、王忠、霍亲和王聪全部力战而死。

十万大军，七月出征，八月传来全军覆没的消息，京城全城震惊。

搬运工本雅失里

在荒寒的大草原，残酷的战争是人对人的战争。击败明朝十万大军，斩杀轻敌的邱福后，鞑靼更加傲慢。出于骄傲，也出于炫耀，本雅失里和阿鲁台连自己人都不认了，调遣大军，狠命攻击瓦剌和兀良哈。

遭受重重打击后，瓦剌和兀良哈才醒悟过来，明白鞑靼的野心不小。看灭顶之灾就要降落到头上了，瓦剌和兀良哈频频向明朝求救。

第一次出征蒙古，十万大军全军覆没，朱棣早就想发起第二次出征，报仇雪恨。可是，放眼大明军营，谁能胜任？名将之子张辅是一位好将领，但是，张辅找出种种理由，拒绝出征。再说，张辅远在南方边境，刚刚平定的安南很不稳定，随时都可能挑起事端，需要张辅镇守。

如果朱棣是一位懦弱的皇帝，大明王朝的发展就很悲催了。幸好，朱棣是一位很强硬的皇帝，大明的发展注定是充满光明和辉煌的。军中无将，朱棣自告奋勇，担任征讨蒙古的大元帅。

皇帝出征，朝廷全力支持，调拨五十万大军。朱棣是常胜将军，明军深受鼓舞，斗志昂扬，大军浩浩荡荡地向蒙古挺进。

大军来到大伯颜山。回想当年，那时领军出征的朱棣还很年轻，那时的大伯颜山还很繁盛，到处是人。但是，现在的朱棣老了，大伯颜山也衰退了。

寒风紧吹，迟暮的英雄再临往昔的英雄地，真令人感慨万分。昔日的繁华遗迹，在年复一年、日复一日的风沙侵蚀下，已经模糊不清了。今昔对比，差距实在太大了。大军走了几个月，终于来到邱福军全军覆没的地方，明朝十万大军的露天坟场胪朐河。鞑靼歼灭邱福大军后，只取走了值钱和实用的东西，例如军队的辎重和武器，明军的尸体则被留下了。

时间刚刚过去几个月，明军阵亡将士的尸首还没完全腐烂，散发出一阵阵令人作呕的恶臭之气。十万大军的尸首，堆积起来有一座山那么高。后来的明军看了之后，无不心胆俱寒。那些将士终于知道，建立军功不是容易的事。谁都无法保证，自己不是下一个邱福。

为安抚全军，朱棣下令埋葬阵亡众军士。看着一个个坟丘直接到天边，朱棣静默良久，思绪无比烦乱。他曾多次提醒邱福，不可轻敌。可是，邱福将事情给看简单了。十万大军败亡，都是轻敌的过错。

最后，朱棣告诉众将士，胪朐河是邱福军全军覆没的地方，为了纪念死去的将士，此地就改名为饮马河。饮马河，既表达饮水思源之意，也表达明军将士在此饮马之意。朱棣想强调，邱福军在此摔倒，他一定要从这个地方站起来。

听说朱棣率领五十万大军亲征，本雅失里和阿鲁台吓得连魂儿都没了。面对浩浩荡荡的明军，鞑靼不是众志成城，共同抗敌，而是大闹矛盾，最终分裂。本雅失里和阿鲁台的分裂，不是因为争夺权力，也不是在抵抗方法上出现分歧，而是彼此逃跑策略不同导致分裂。听说朱棣亲征，鞑靼连抵抗都不敢抵抗，可见朱棣的威名不是吹出来的。

鞑靼处在蒙古中部，它的西边是瓦剌，东边是兀良哈。打败邱福大军后，鞑靼又两头出击，西打瓦剌，东打兀良哈，将东方和西方的兄弟都给得罪了。朱棣亲征，鞑靼自知不能抵御，分别向东边的瓦剌和西边的兀良哈求救。但是，瓦剌和兀良哈都没有派兵支援。首先，明军出征前，朱棣警告过瓦剌和兀良哈，最好不要干涉明军的活动，否则，后果自负。其次，鞑靼太猖狂了，连同胞都打，瓦剌和兀良哈负气，不肯救助。

没有援兵，仅靠自己又难打赢，鞑靼只得逃跑。本雅失里说，西边有同胞瓦剌，逃向西边最好。阿鲁台不同意，因为鞑靼刚同瓦剌打过仗，他担心瓦剌落井下石。在阿鲁台的心里，跑到东边去最好。可是，东边的兀良哈是明朝的附属，本雅失里是元朝后裔，自然不肯屈就。

阿鲁台不会迁就人，本雅失里不知道以大局为重，鞑靼最终分裂为两部分。跟着阿鲁台的人，向东逃；跟着本雅失里的人，向西逃。必须指出，蒙古很大，风沙又多，再加上阿鲁台和本雅失里跑得很快，除非上天保佑，否则明军很难找到鞑靼军，更别说追到他们。

渡过饮马河，明军抓到不少鞑靼逃兵。还没审问，鞑靼逃兵就主动供认，说本雅失里就在附近。派出几批探子，确认鞑靼逃兵的情报属实后，朱棣命令部将王友原地驻扎，他独自带领精锐轻骑，火速追击本雅失里。朱棣领军追击，只带了二十天的口粮。

跑着，跑着，本雅失里突然发现，明军已经跟在他的后面了。更令本雅失里感到失魂落魄的是，无论他如何提速逃跑，明军离他的距离都是越来越近。仔细琢磨，本雅失里发现，他之所以跑不快，是因为携带的辎重太多了。朱棣只带了二十天的口粮，率领的又是精锐骑兵，速度当然快。

追到斡难河，终于追上鞑靼军，朱棣不容本雅失里分辩，率领骑兵，径直冲击。本雅失里没有作战经验，无法组织队伍抵抗明军的大举掩杀，鞑靼军伤亡十分惨重。面临生死抉择，本雅失里终于抛弃辎重，逃之夭夭。

斡难河一战，明军不仅彻底击败本雅失里，还抢得无数珍宝。本雅失里是成吉思汗的后裔，随身携带的东西自然珍贵无比。看着大批珍宝，再看看斡难河，朱棣感叹：斡难河，它不就是成吉思汗兴起的地方吗？

再逃，小命就没了

本雅失里慌不择路地逃到了瓦剌，被瓦剌首领马哈木杀死并将首级献给朱棣。

接到本雅失里的人头，朱棣非常高兴，重赏马哈木，夸赞他忠心。听说本雅失里被斩首的消息后，明军兴高采烈，大摆酒食庆祝，就像过年一样。使者回来，告诉马哈木，说朱棣很赞赏他的行为。马哈木听后，什么都没说，有气无力地做了个手势，让使者退下。

茫茫大漠，只有阿鲁台一个人孤军奋战，东躲西藏。与本雅失里相比，阿鲁台是一个非常有计谋又懂得打仗的人。他四布疑兵，弄得到处都有鞑靼军队的踪迹。明军不熟悉大漠，找来找去，都被阿鲁台给转晕了。

在荒凉的大漠转了几个月，粮食都吃光了，明军还没找到阿鲁台。军队缺粮，朱棣不得不宣布班师回朝。如果就这么走了，这将是一场因没有彻底胜利而让朱棣倍感遗憾的战争，朱棣就实现不了千古一帝的梦想了。

天缘凑巧,在回归途中,明军竟然在阔滦海子撞上了阿鲁台。为了找寻阿鲁台,明军就差没有上天入地,踏破铁鞋无觅处,得来全不费工夫,明军非常高兴。

朱棣本想驱军追杀,但是找阿鲁台找了几个月,粮食又短缺,明军很疲弱。阿鲁台是一代名将,如果硬打,明军不能保证全胜。即使赢了,明军的死伤也必然很大。在此情境下,朱棣不得不采用和平手段来解决问题。

听说明军容许其投降,阿鲁台万分高兴,急忙召集众将商议投降一事。但是,那些鞑靼将领大多是不知天高地厚的年轻人,在他们看来,鞑靼是成吉思汗的后人,应该继承成吉思汗的雄风,宁可战死,决不投降。

无论阿鲁台怎么做思想动员工作,年轻将领们就是不同意投降。好不容易争取到投降的机会,大多数人又不赞同,阿鲁台急得直跺脚。等了好些日子,鞑靼迟迟不投降,朱棣开始怀疑阿鲁台的诚意。其实,不是阿鲁台不想投降,而是他的部下不让他投降。为顾全大局,争取最后的胜利,有人建议阿鲁台采用拖延战术。

两军相持几天下来,鞑靼军见明军越来越没精神,有时偶尔还见到一两个面黄肌瘦的人,他们就猜到明军缺乏军粮。确认明军缺乏军粮属实后,阿鲁台很高兴,一再拖延投降之事。

阿鲁台想得很简单,他认为,如果明军粮草供应充足,人数多是明军的优势。但是,只要明军缺乏军粮,人数越多,对明军的坏处越大。只要再拖几个月,等明军的粮食彻底吃光了,就是他阿

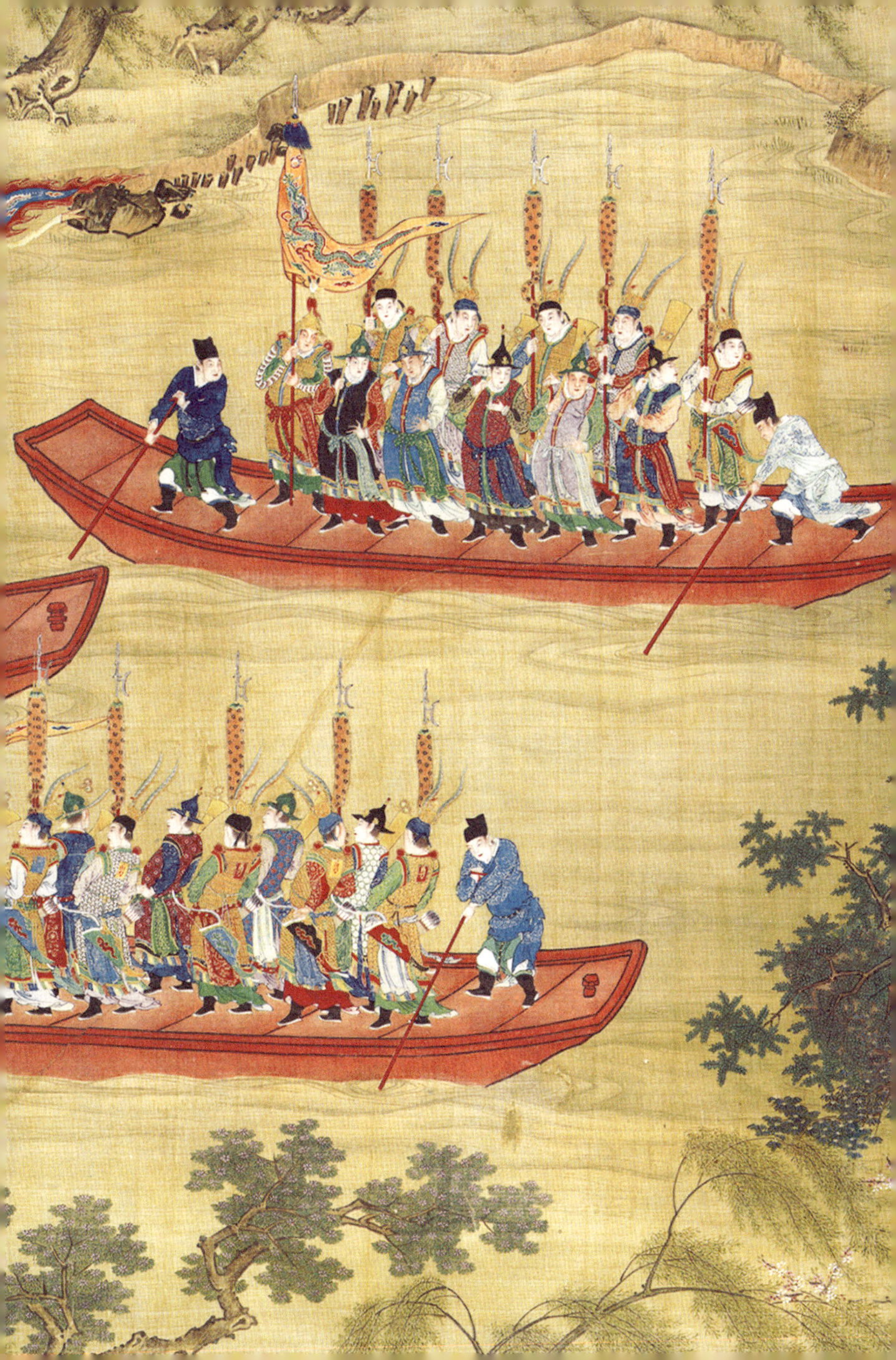

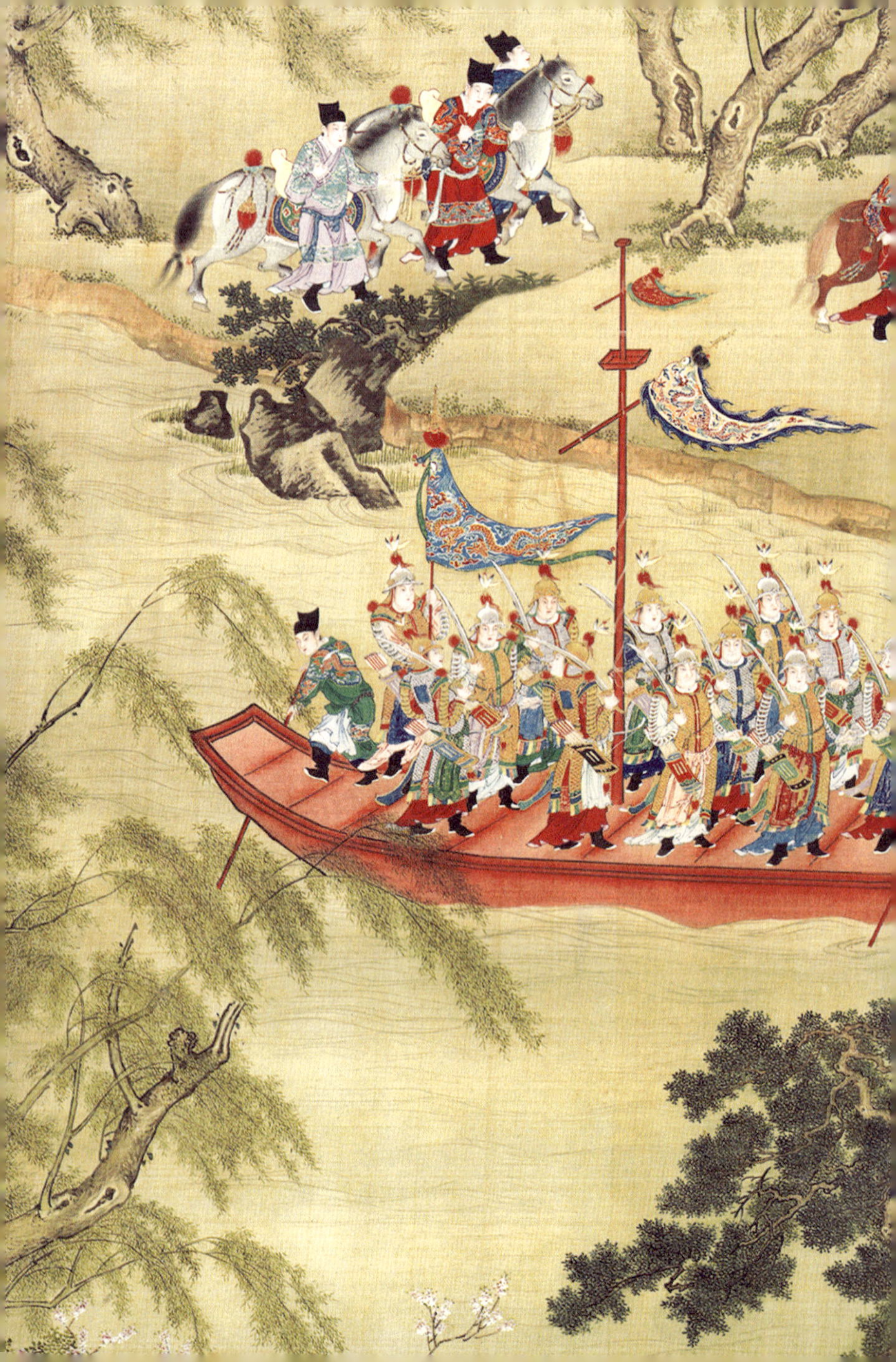

鲁台恢复元帝国的机会。明军没饭吃,连武器都拿不动,仗还怎么打?

在接下来的日子里,明军天天派出使者,商议投降一事。见对方如此频频地催促,阿鲁台怀疑他的阴谋败露了。于是,阿鲁台又召开了一次会议,他告诉众将,拖延时间的阴谋被明军看穿了。明军天天催促投降,如果再不投降,明军一定会进攻。

一个将士对阿鲁台说,鞑靼军可以悄悄地实施金蝉脱壳。具体办法是,立刻派人到明军大营,商量投降一事,以此遮住明军主将的眼睛。暗地里,鞑靼军一批一批悄悄地从后军大营撤出。那几天风沙很大,鞑靼军小批小批地撤走,明军看不出来。为保全实力,阿鲁台应该先偷偷地溜出去。金蝉脱壳之计能够保住性命,阿鲁台举双手赞成。领着一小支足以保护自己的军队,阿鲁台悄悄地从后军大营溜出。

但是,还没跑出营地,阿鲁台就看到明军大举移动,气势汹汹地向鞑靼军营冲杀过来。原来,自从派出使臣商议投降一事后,朱棣就严密地监视着鞑靼军营的一举一动。见到敌军后军大营有一小支军队移动,朱棣下令,火速攻击鞑靼军营。

战争爆发了,掌管明军中军的将领柳升还不知道是怎么一回事。听到明军内部突然噪声大起,柳升吓了一跳,急忙出营查看。当他冲出中军大帐,已经有骑兵冲向鞑靼大营。部将擅自出战,柳升大怒,命人鸣金收兵。

柳升再仔细一看,发现朱棣的大旗已经冲到鞑靼军中。皇帝都杀出去了,还站着看不是找死吗?柳升急忙命人击鼓,下令全军出军。明军跟着朱棣，人人奋勇争先。

尽管被五十万大军反复冲击几次，鞑靼军的抵御还是成阵形的，很有力量，可见阿鲁台并非泛泛之辈。然而，双方力量悬殊。在明军多次大规模的冲击下，鞑靼军最终还是被击败了。

阿鲁台不仅善于打仗，在逃亡方面，也有一套很特殊的本领。他一口气，跑出几十里。想到明军不可能追上来，阿鲁台才放慢脚步，深深地舒一口气。可胸中憋住的那一口气还没舒缓过来，明军就追上来了。阿鲁台扬鞭策马，接着又跑。可是，他刚刚放慢脚步，明军又追上来了。

无论阿鲁台跑到哪里，无论他的速度多么快，明军都紧追不放。跑到后来，阿鲁台疲惫了，也服了朱棣。

永乐八年（1410年），阿鲁台正式向大明朝廷朝贡，诚心归附。

你没几天嘚瑟了

朱棣北伐蒙古，彻底击垮了鞑靼势力。此后，蒙古地区的其他势力趁机发展，彼此争战，抢夺领地。经过无数次血与火的战争，瓦剌的领地得到很大的发展，崛起为蒙古地区的第一大势力。

鞑靼被明朝击垮后，瓦剌就是蒙古地区的第二大势力。从第二大势力上升到第一大势力，是很容易的事，因为瓦剌的首领马哈木也是一位胸怀大志、腹有良谋的统治者。想当初，瓦剌之所以臣服于明朝，只是想借明朝的势力保护自己。

强大后的瓦剌，只有它打别人，没有被挨打的事，马哈木认为，自己此时已经不再需要明朝了。从这个层面论述，瓦剌不是诚心归附明朝，而是利用明朝。朱棣想成为千古一帝，却在不知不觉中扮演了一个打手的角色，这是国际政治竞争导致的历史悖论。

怀着统一蒙古，甚至是占领亚洲，进而称霸世界的美梦，马哈木带领瓦剌军队，多次横扫蒙古全境。阿鲁台缺兵少将，不堪一击，连领地都被马哈木强占了。打不过瓦剌，抱着寻找靠山的心情，阿鲁台多次向明朝乞求护卫，明朝却坐视不管。马哈木认为朱棣不敢管，行事越来越放肆。瓦剌军多次出征，几乎占领了整个蒙古，只有阿鲁台多少有点儿能力抵抗，打到后来，阿鲁台精疲力尽，死气沉沉地跑到长城边上避难。

马哈木能够迅速扫荡蒙古全境，有三个主要原因：第一，瓦剌所管理的地区在蒙古西部，没有遭到明朝军队的正面打击。而且，每次明军出征蒙古，瓦剌都从旁协助，捡了不少便宜。第二，马哈木拥立大元朝黄金家族系的后人答里巴为汗，打的旗号是恢复元帝国。在元朝，蒙古人受到优待，他们都很怀念曾经的帝国。听说马哈木要恢复元帝国，大多数蒙古人都很拥护。第三，马哈木培养了一支非常精锐的骑兵，作战能力超越其他蒙古骑兵。

赢得大多数蒙古人的拥护后，马哈木就公然向明朝挑战，出兵侵占和林地区。马哈木想得很简单，认为蒙古人之所以打不过明军，是因为蒙古人被明军使诡计分裂为几个部分。分则力弱，蒙古人自然打不赢明军。但是，现在的马哈木已经联合了所有蒙古人的力量，可以与明军一决胜负。

至于对付朱棣的办法，马哈木也想好了，那就是诱敌深入。邱福的十万大军，就是败在阿鲁台诱敌深入的诡计之下。马哈木觉得，只要计谋设计得好，并且在执行过程中细心一些，朱棣尽管很精明，但是同样会上当。如果成功歼灭前来征讨的朱棣大军，明朝就会一蹶不振，天下就是他马哈木的了。

永乐十二年（1414年），朱棣带领五十万大军，亲征瓦剌。此次出征，随行人员有柳升和朱瞻基。朱棣的意思很明显，带上长孙朱瞻基，是为了历练皇位的继承人。瓦剌的主力是骑兵，朱棣知道这点。此次出征，他尤其倚重改编后的朵颜三卫。朵颜三卫参加过无数次激烈的战斗，经验丰富，战斗力很强。

进入蒙古境内后，明军遇上几波小规模的抵抗。由于敌方势力不强，朱棣就没将他们放在心上。可是，尽管越来越接近瓦剌的营地，明军所遇到的抵抗仍然很小，朱棣就开始怀疑了。事情太蹊跷了，明军不得不抓几个俘虏来问问。瓦剌俘虏很听话，问什么答什么。听说马哈木就在百里之前的忽兰忽失温（今蒙古图拉河），明军非常高兴。

诸将摩拳擦掌，跃跃欲试，朱棣却让他们安静下来，不可轻举妄动。朱棣不是邱福，不会那么轻信；相反，他是一个疑心很重的人。如果瓦剌俘虏只说马哈木在前方或者附近，朱棣会派人或者亲自领军追击。但是，俘虏将马哈木的藏身地点说得清清楚楚，还保证马哈木没有作战准备，朱棣就不信了。

大军原地驻扎了好几天，整天吹着风沙，士气越来越低沉。如果再这么待下去，即使粮食够吃，军队也会十分疲惫。在这样的情况下，明军就遇到了困境：如果撤军，明军不仅劳而无功，一路上也白白消耗人力物资；如果不撤军，待在一个地方干等也不是办法，很明显，瓦剌军不会主动出击。

更令朱棣感到难堪的是，这次出征他带上朱瞻基，希望朱瞻基以自己为榜样。如果没有剿灭瓦剌就撤军，半途而废的榜样不利于朱瞻基将来的发展。为了胜利，也为了给朱瞻基树立一个良好的榜样，朱棣命令明军兼程前进。

现在的明军，走的是一条只能向前、不可后退的道路。朱棣是这么想的：即使马哈木有伏兵，只要明军的速度够快，遭遇伏击时，伤亡也不会太惨重；如果运气好，明军的行军速度超出马哈木的估计，明军到了，他还不知道，明军还能杀他一个措手不及。

果然不出朱棣所料，在明军前进的道路上，所遇上的瓦剌军很少。那些瓦剌军，东一拨，西一拨，零零散散，简直是一些乌合之众。一天，明军终于遇上一拨勉强算得上是正规军的军队。但是，这支军队中有一大部分士兵是老弱病残，军队就像刚刚遭到一场大瘟疫，还没完全康复。

先锋大将军刘江率军出战，几个回合，就将瓦剌将领杀翻在地。明军还没冲击过去，瓦剌小兵就逃光了。看到这种情况，朱棣表面很高兴，内心却很担心，因为他看出瓦剌军是在诱敌深入。朱棣不能确认前方有什么，但有一点可以肯定，瓦剌军一定埋伏在前方。

朱棣的感觉是对的，就在明军的前方，在一个四周是小山冈、中间是一块小平地的地方，埋伏着马哈木的军队。为了对付朱棣大军，马哈木召集了全瓦剌的军队，光是精锐的骑兵就有三万余人。这三万骑兵，由瓦剌大将太平和博罗率领。他们静静地等着，只要明军进入预先设计的埋伏圈，马哈木号令一下，这三万精锐的骑兵就会从小山冈上冲下来，活生生地将明军割成几块，最后再一小块一小块地歼灭。邱福的十万大军，就是这样被歼灭的。

相对而言，骑兵有两个优势，第一个是速度快，第二个是冲击力强。如果是在平原作战，骑兵会轻装上阵，充分发挥速度的优势；如果是在小山丘作战，骑兵就要加重自己的装备，发挥冲击力强的优势。马哈木命骑兵埋伏在小山丘上，就是想借地势之差，增强骑兵攻向明军时的冲击力。

上天没有辜负马哈木的苦心，明军终于陆续进入他预先设定的埋伏圈。躲在小山冈上，看着朱棣的大旗一步一步走向小平地的正中央，马哈木的心跳得很激烈。理想就要实现了，马哈木非常高兴，差一点儿就要疯了。

瓦剌军静静地等着，仔细地盯着明军的一举一动，将明军所携带的、就要被他们抢夺的东西数得清清楚楚。突然，有人指着明军的一支队伍，问马哈木那是什么军种。顺着那人所指的方向看去，只见一支既不是骑兵，也不是步兵的特殊兵种一步一个脚印地向前行进。

马哈木悄悄地告诉那人，说那不是一支军队，而是一队死尸。说完后，马哈木笑了，其他瓦剌军也跟着笑了。他们明白马哈木的意思，走进埋伏圈的明军，马上就要变为死尸。

神机营的威力

明朝的军队编制以五军营、三千营和神机营这三大营为基础，它们也是明军作战的主要力量。这次出征，朱棣想为朱瞻基树立一个榜样，因而将这三大营的主力都给调动了。瓦剌军看见了，但是不认识的，就是大名鼎鼎的"神机营"。

与五军营和三千营相比，神机营是一支非常特殊的部队。五军营是骑兵和步兵的混合体，步兵占大多数，按左、中、右编制，分中军、左军、右军、左掖军和右掖军，主要负责与敌人开展肉搏战，最后出场。三千营由收编的骑兵，尤其是蒙古骑兵组成，例如朵颜三卫，出场顺序排在倒数第二。也就是说，三千营出动后，接着上场的就是五军营。三千营建立之初只有三千人，但战斗力非常强，因而被称为三千营。随着明朝军事力量的发展，现在的三千营，人数远远超过三千人。

之所以说神机营是一支特殊的部队，是因为他们的装备不是冷兵器，而是热兵器。在靖难之役，朱棣平常最自负的、战斗力最强的骑兵被盛庸的火炮和火铳打得落花流水后，他吸取自己失败的教训，借鉴盛庸成功的经验，着手建立一支以火炮和火铳为主要攻击利器的军队。

经过几十年如一日的发展，这支特殊部队终于建立，又经过多次演习战，对种种缺点进行改进后，终于可以投入战斗。在明朝，火炮和火铳可以远距离作战，杀伤力又大，因而被称为神机。朱棣建立的这支特殊部队，就被称为神机营。

瓦剌军见过火炮和火铳，也用过，但是没有见过整支都以火炮和火铳为主要装备的军队，因而不认识。再说，此次神机营出战，朱棣要给瓦剌来一个意想不到的打击，在外观上对神机营做了一番修饰。瓦剌军不能认出神机营，也是常理之中的事。

明军全部陷入预设的埋伏圈后，马哈木立刻站起来，立在最高的山冈上，指挥隐藏在四周山冈上的骑兵。军旗刚刚挥动，山冈上的瓦剌骑兵纷纷向明军直奔而来，速度快如流星，气势如猛虎扑食。

铁蹄踏地声，再夹杂着喊杀声，瓦剌军这一冲击，连整个山冈都给震动了。敌军惊天动地地扑面而来，朱棣不慌不忙，轻轻挥动军旗，指挥前军向左右两翼分开。马哈木本想将明军分割成几块，然后一块一块地歼灭。瓦剌骑兵还未冲击，明军就自动分开了，马哈木很兴奋。

兴奋之余，马哈木手中的军旗挥舞得更快了，就像一个小风扇。沿着倾斜的山冈直冲而下，瓦剌骑兵的速度越来越快。明军前军向两翼分散后，面对瓦剌骑兵的，就是那支连马哈木也不认识的特殊军队神机营。

瓦剌骑兵就要冲撞到明军了，神机营揭开遮掩之物，显出令人闻风丧胆的火炮和火铳。站在山冈上的马哈木看到后，后悔不迭，大喊撤退。可是，瓦剌骑兵的速度太快了，一下子刹不住脚，再说声音太嘈杂了，他们听不清马哈木在喊什么。

神机营早已子弹上膛，只等朱棣一声令下。看着这群前来赴死的精锐骑兵，朱棣都为他们的牺牲感到可惜。想当初，朱棣的骑兵，就像现在的瓦剌骑兵一样，直挺挺地朝盛庸的火炮和火铳冲去。

朱棣一声令下，神机营千炮齐发，万枪齐放，无数燃着烈火的炮弹，无数热辣辣的子弹，纷纷射向瓦剌骑兵。炮弹和子弹所到之处，瓦剌军马和骑兵无不应声而倒。这一场厮杀，瓦剌军的伤亡非常惨重，站在山冈上的马哈木只能干瞪眼，空流泪。

那个时候，利用火炮和火铳作战的技术还不发达。以火铳为例，每放一枪，就要装一回子弹。按理说，遭受第一波攻击后，瓦剌军可以利用神机营将子弹推入枪膛的间隙，直接冲入神机营。但是，他们做不到，因为朱棣在人事安排上稍微做了改进。

在观看神机营演习的时候，朱棣就发现推子弹上膛会给敌军留出进攻的间隙。经过无数个日夜的苦思冥想，朱棣终于找到了解决的办法，那就是将持枪队伍分成几排，一排一排地开枪。第一排开枪的时候，其他排不能动。第一排开完枪，第二排接着开。在第二排开枪的时候，第一排就装子弹。如此一来，还没等其他排开完枪，第一排子弹已经装好了。如此循环往复，神机营每放一次枪就要装一回子弹的短板被弥补了。从整体上看，神机营是一支能够持续不断地开枪的队伍。

瓦剌军没有片刻进攻的机会，奔腾的战马纷纷倒在神机营的枪炮下。神机营的杀伤力很强，可是制造枪弹的花费很大。如果每次打仗都出动神机营并不合算，即使是在一次战斗中，也不能全部动用神机营。

作为军事专家，朱棣制定了一套非常好的作战方略。先令神机营开枪放炮，将敌军打得毫无还击之力后，再派三千营的骑兵出战，等骑兵扫荡一阵后，就用五军营的步兵进行地毯式攻击，抓捕俘虏。

神机营将大部分瓦剌骑兵打伤在地后，有条不紊地向两翼散开，三千营的骑兵直冲出去，将瓦剌军分割成一小块一小块，逐个儿歼灭。三千营分左、中、右三路出击，左路军由李彬和谭青二人担任主帅，右路军的主帅由王通担任。率领中路主力的就是朱棣。朱棣发挥老当益壮的雄风，亲领中路骑兵杀入敌军。这一壮举，真的很令人钦慕。

皇帝都冲杀出去了，朱瞻基也跟着杀了出去。朱瞻基聪明乖巧，知道朱棣喜欢英明神武、作战勇敢的人。朱棣有三个儿子，第一个是老大朱高炽，第二个是猛将朱高煦，第三个不怎么出名，叫朱高燧。

因为朱高炽身体不便，不能随军出征，建立战功。相比而言，朱棣比较喜欢更像他的、已经建立很多战功的朱高煦。平日起居，朱瞻基就觉察到朱棣对朱高煦的喜爱多于对他父亲的喜爱。为了皇位，朱瞻基必须代替他的父亲，建立军功，赢得朱棣的喜爱。如果他们父子都没能力，哪天朱棣不高兴，将皇位传给朱高煦，就等于一切都没了。

骑兵扫荡之后，人数最多的五军营出战了。瓦剌军不能抵挡明军的大举掩杀。领着残余部队，马哈木气急败坏地逃了，样子非常狼狈。见马哈木逃跑，朱棣指挥大军，死命追击，一直追到图拉河边。马哈木很幸运，杀出重围，逃了。可是，他的两个难兄难弟太平和博罗的命就没他的好，被明军围住，活活被砍成了肉酱。

地方政权要紧抓

永乐七年（1409年）闰四月，明廷设立奴尔干都指挥使司，以宦官、海西女真人亦失哈主其事，以招降女真。

奴尔干，女真语为"图画"的意思，表示这里山川景色美丽如画。元朝的时候，在这里曾经设征东招讨使，管理和征收骨嵬部（库页岛）的军赋。14世纪50年代又在敦敦河口的哈儿分之地，建立了"吾者野人，乞列迷等处诸军万户府"，都由黑龙江下游的兀者、乞列迷等部管辖。

朱元璋建立了明朝之后，多次派遣官员到这里进行"招抚"。明太祖时，元辽阳行中书省平章刘益捧着辽东地图来降明朝。后来在辽东地区设辽东都指挥使司，领有25卫，其范围东至鸭绿江，西至山海关，南至旅顺口，北至开原的三万卫，北部辖区还包括了辽河。明太祖降纳哈出后，明军曾出开原，驻扎在松花江南北两岸。

明成祖朱棣即位后，在明太祖朱元璋经营东北的基础上，更加强了管理。永乐元年（1403年），明朝政府派官员往谕奴尔干，至吉（乞）列迷诸部招抚，进展很快。

十一月，女真部落首领阿哈出等入朝，明廷沿用金恤品路建州之名，在其地设建州卫（黑龙江东宁市境），任命阿哈出为指挥使。十二月，忽刺温（呼兰）女真部首领西阳哈、锁失哈等来朝，在其地设兀者卫（呼兰河中下游），西阳哈被任命为指挥使，锁失哈为同知。

第二年，各部首领相继入京归附明朝。明朝政府在此设立了奴尔干、建州等十卫，任命把刺答哈等为奴尔干卫的指挥同知等，另外各部的首领又被任命为指挥同知等，而且赐给他们诰印冠带袭衣。明政府为了便于管理东北地区的各族人民，从永乐元年（1403年）到永乐七年（1409年）在斡难河、黑龙江流经的南北区域，以及松花江、乌苏里江、格林河、亨滚河等流域，设置了132个卫。于是海西女真、建州女真、野人女真诸首领相继归附。至此，明政府基本上统一了东北地区。

永乐七年（1409年），奴儿干官员忽刺佟奴来朝，奏请在奴儿干设立元帅府，闰四月明廷定议在其地设置奴儿干都指挥使司（简称奴儿干都司），由东宁卫指挥康旺为都指挥同知，千户王肇舟等为都指挥金事。六月，又设置了奴儿干都司经历司，设经历一员。永乐九年（1411年）明成祖专门派遣内官亦失哈等率千余军官，25艘巨船，护送康旺等顺黑龙江而下，到亨滚河口对岸特林的奴儿干地就任。

正式建立的奴尔干都司，是明政府管辖黑龙江、乌苏里江流域等地的最高地方行政机构。设立了奴尔干都司之后，为加强对这一地区的管辖，明朝政府又陆陆续续建了很多卫所。至英宗正统十二年（1447年）共建卫所184个，千户所20个。到万历年间，所建卫所达到384个，千户所24个。政令所行西起斡难河，北至外兴安岭，东抵大海，东北达库页岛。仅黑龙江南北地区的卫所，其数量就有67个。斡难河卫、卜鲁丹河卫等14个卫所，设在斡难河以东，嫩江以西，包括呼伦贝尔地区和黑龙江上游南北地区。沿精奇里江设立的有脱木河卫、古里河卫等5个卫。精奇里江是黑龙江北岸支流，那里的垦荒历史有200多年，沿流域出现了专事农业的一些村屯，如博和哩屯、吴鲁苏屯、黄河屯（海兰泡）等，这便是历史上非常有名的"江东六十四屯"。从黑龙江城以东，到与松花江汇合处附近地区的卫所有可令河、木鲁罕山、哈喇察、兀喇卫等9个卫。以库鲁河为中心（伯力附近）设立了乞勒尼、忽鲁木、喜申、古鲁、亦儿古里等5个卫。撒儿忽、哈儿分等4个卫则沿敦敦河流而设。沿格林河设立了葛林、忽石门、卜鲁兀等5个卫。沿亨滚河（黑龙江北岸支流）设立了饮真河、满泾、朵儿必河等7个卫。奴尔干、兀的河、和囊哈儿、波罗河4个卫设立在由黑龙江到库页岛一带。在乌苏里江东部地区，还设了克默而河、亦麻河、失里、恨克、双城（俄称乌苏坦克斯克）等14个卫。这67个卫在鸦片战争前均为我国领土。

奴尔干都指挥使司由明中央政府直接控制，是军政合一的最高地方行政机构。设有都指挥使、都指挥同知和都指挥佥事等军政长官。明成祖朱棣时，由于没有都指挥使，以都指挥同知为最高长官。

奴尔干都司辖区的人民，要向明朝政府上缴赋税，这同内地人民是一样的。他们通常是上缴当地的土特产，如海东青、大鹰、鼠雕、白兔、黑狐、貂鼠、阿胶、海豹皮、海獭皮、叉角（海象牙）、鲸须、好剌（各色鹿）、马、失剌孙（土豹）、金钱豹皮等。同内地的地方官吏一样，各卫所的官员，要对明朝中央政府的命令、调遣绝对地服从。

为了方便由内地到奴儿干地区的交通，从而便于送文件、运送官兵等，明政府在它所辖地区设立了东西两条驿站线路。一条是"海西东水陆城站"，自海西底卡失站（今黑龙江双城市西，拉林河畔花园屯古城），向东北沿松花江而下，直到黑龙江下游奴儿干都司治所附近的满泾站，有50余个城站分布在此条驿站线路上。另一条叫"海西西陆路"，从肇州起，经松花江、洮儿河往西直到兀良河（今满洲里附近），这两条驿站路线又连接了辽宁省东都司辖境内的驿路。这样一来使得处于边远地区的奴儿干都司与内地的联系进一步加强了。明朝政府还在驿站经过的地区征调劳役、畜力，设置站丁、站狗。出于运输的需要，明朝政府还在今吉林省吉林市附近松花江畔建立了船厂制造船只。

亦失哈、康旺等人对创建和经营奴儿干都司的贡献很大。亦失哈是钦差大臣，康旺、王肇舟属封疆大吏，自永乐七年（1409年）奴儿干都司筹建，直到建成并受命管理和经营，他们经历了全过程。在20多年中，亦失哈共巡视奴儿干地区达十次之多。他们对边疆地区少数民族采取柔化抚恤政策，使奴儿干都司所辖地区的少数民族与明朝的关系极为密切。如永乐五年（1407年），到京师朝贡的纳木河等部落的首领就有三百人。永乐十年（1412年），奴尔干等处部族头目到京师朝贡的有78人，可以说，亦失哈、康旺、王肇舟等人在从事东北边疆的经营方面，贡献巨大而卓越。

另外，他们还在当时奴尔干都司的治所特林建立了一座供奉观音的永宁寺，并在两旁立了两块石碑：一块是在永乐十一年（1413年）所立，碑上刻有《永宁寺记》；另一块是在宣德八年（1433年）所立，碑上刻有《重修永宁寺记》。这两块碑记，记载了明朝政府经营和管理奴尔干都司的经过。两块碑文均用汉文、蒙古文、女真文、藏文四种文字书写。碑文中的官员，有汉族、蒙古族、女真族和其他少数民族，这证明奴尔干都司是明朝这个多民族国家的一级地方政权。虽然现在永宁寺早已不存在了，但这两块石碑曾经在原址巍然挺立500年，这是我国明朝政府管理奴尔干地区的历史见证。

第五章

啊朋友,再见吧,再见吧

老和尚的临终遗言

永乐十六年（1418年），朱棣带着疲惫的身躯，拖着沉重的步子，一步一步地朝庆寿寺走来。那是三月，北平还很冷，迎面不时吹来阵阵寒风。朱棣从百忙中抽空出来，只为见姚广孝最后一面，他的良师益友。

之所以说姚广孝是朱棣的良师益友，是因为倘若没有姚广孝，朱棣就不可能造反。因此，没有姚广孝，就没有永乐大帝，也没有永乐盛世。可是，生活在永乐年间的人，尤其是遭遇或者亲眼见到朱棣的暴政的人，都很恨朱棣，尤其恨煽动朱棣造反的姚广孝。因此，黑衣宰相的称呼，不是空穴来风。

现在的姚广孝已经是八十四岁高龄的老人，他的生命只剩最后的一口气了。他之所以迟迟不死，苦苦地吊着一口气，只为等待朱棣，对他说一句话。朱棣造反之前，同姚广孝的来往很频繁。一个是野心家，另一个是阴谋家，两人的交往很好，可以说是鱼儿与水的交情。朱棣称帝后，姚广孝就一个人孤零零地活着。朱棣也封了他的官,可是姚广孝还是喜欢寺庙的生活,喜欢他的袈裟,喜欢孤独。

这些年来,姚广孝拒绝了朱棣无数次封赏,一个人过着清贫的生活。他之所以这么做,是因为感受到了被抛弃的痛苦——不是被朱棣抛弃,而是被他的亲人抛弃。他的亲人像其他老百姓一样,只求过上安安稳稳、平平静静的生活。可是,靖难之役破坏了很多家庭,人们都将责任往朱棣身上推,往朱棣的军师姚广孝身上推。

永乐二年(1404年),时任太子少师的姚广孝衣着光鲜地回乡省亲。他是朝廷重臣,一路上都受到地方官的热烈欢迎和奉承拍马。与往昔落魄时所受到的待遇相比,简直是天堂与地狱的差别。一路行来,姚广孝的感觉非常好。

弟弟衣锦荣归,唯一的姐姐却没有兴冲冲地跑出家门迎接,姚广孝感到很奇怪。当他兴冲冲地朝姐姐家跑去的时候,发现姐姐家的门关得很紧。姚广孝朝着紧闭的门声嘶力竭地喊,他姐姐不但不开门,甚至都不答应一声。姚广孝从邻居的口中得知,他姐姐是在家的。但是,邻居们不知道,为什么他姐姐关着门不见他。对于这个原因,姚广孝是知道的,那就是因为他是助纣为虐的人。

不仅如此,姚广孝年轻时的好朋友王宾也关着门不愿相见。他只托人捎了几句话,大概意思是,穷人不与富人相交。其实,王宾不是说他不配与富人相交,而是说像姚广孝这样暴富的人不配与他相交,因为姚广孝的富和贵来得都不正。

还是穷小子的时候,尽管没有很多东西,可是姚广孝至少还有亲人和朋友。等到袍笏加身,姚广孝突然发现,他什么都没有了。

对他这样的人而言，钱财是身外之物，权势只是虚名，唯一值得他留念的，只有亲情和友情。可是，姐姐和朋友都关着门不见，姚广孝的心很痛。

想想朱棣执政之初，他大开杀戒，动不动就灭人的族。姚广孝也曾劝朱棣减少杀戮，朱棣不听，是姚广孝的错吗？姚广孝也曾告诉朱棣，方孝孺是天下读书人的种子，不能杀。可是，朱棣灭了方孝孺的十族，这也是姚广孝的错吗？姚广孝煽动朱棣造反，造反成功后朱棣杀了很多人，这是谁的错呢？

故乡的拒绝给姚广孝很大的打击，自此以后，他白天穿官服，照样上朝，晚上就换上僧服，吃斋念佛。姚广孝吃斋念佛已经有很多年了，直到被故乡拒绝后，他才反思自己吃斋念佛的行为。到后来，他越想越不明白，他大半辈子吃斋念佛，究竟是为了自己，还是为了天下人。

这个时候，野心家朱棣又来找姚广孝。朱棣有一个急需解决的问题，需要借助姚广孝的和尚身份帮忙。应天被攻破后，朱允炆一把火将皇宫烧了，他也消失得无影无踪，活不见人，死不见尸。自从登上皇位起，朱棣日日夜夜都担心朱允炆突然杀回来，将皇位抢夺过去。朱棣坚信，朱允炆还没有死，否则怎么会找不到他的尸首。再说朱允炆放火烧皇宫，就是想给世人造成他已经被烧死的假象。

随着时间的流逝，关于朱允炆去向的谣言越来越多。其中一个是，朱允炆没有死。在他的主录僧溥洽的秘密安排下，朱允炆被送到了某个安全的地方。朱允炆的藏身之地，有很大的可能是在寺庙里，因为溥洽是和尚。

为了查找朱允炆的下落，朱棣花费了极大的人力、物力和心力。在这整个过程中，有无数人被冤屈致死，有无数人被秘密杀害，无数人被秘密终身监禁，溥洽就属于被秘密终身监禁的一员。凡是涉及明朝这一段历史的相关文献都没有记载朱棣是怎么审问溥洽的，也没有记载溥洽遭到了怎样的刑罚，因为一切都是秘密进行的。

朝廷明察暗访，将天下的寺庙都搜遍了，还是没有找到朱允炆的下落，连朱棣辛苦建立的、监视功能十分完备的东厂都不知道。修撰《永乐大典》的时候，朱棣就请姚广孝出山相助，表面是修撰《永乐大典》，真正的用意是查访朱允炆的下落。

《永乐大典》中有一部分涉及佛家的著述，如果要写，必然请天下的得道高僧。朱允炆是皇帝，他之所以能藏身必然是受到至少一个得道高僧的庇护。如果能请那位得道高僧前来，朱棣一定可以查到朱允炆的下落。可是，《永乐大典》修好了，朱棣仍然没有见到庇护朱允炆的得道高僧。朱允炆的下落，还是一个谜。

朱棣静静地坐在姚广孝的病榻旁，尽管就要面临生死离别了，他俩仍然没有谈他们之间的个人私事。几十年来，姚广孝与朱棣有无数次会面，但他们都没有谈他们的个人私事，只谈国家大事。同以往的会面一样，朱棣向姚广孝咨询一些国家大事。姚广孝静静地回答，扫除朱棣心中的一切障碍。

最后，姚广孝郑重其事地向朱棣提出一个请求，请朱棣放了溥洽。朱棣看着姚广孝，思潮起伏，一时间不知道说什么好。传言溥洽知道朱允炆的下落，可是他什么都不说，朱棣也不知道他是否知道。如果溥洽出去，万一他说出朱允炆的下落，或者其他人别有用心，随便找来一个人，说那就是朱允炆，然后起兵造反，那怎么办？

朱棣又看了姚广孝一眼，姚广孝的眼神仿佛是说，放心吧，没事的。确实如此，姚广孝单独见过溥洽，但关于他们见面后的谈话，姚广孝也是什么都没告诉朱棣。朱棣细想，有一种可能，那就是溥洽对姚广孝说了朱允炆的下落。否则，姚广孝不会在临死的时候，请示朱棣放了溥洽。由此而论，溥洽出去后，可能不会为朱棣的统治带来麻烦，否则姚广孝就不会劝朱棣放了溥洽。

既然造反导师都相信溥洽，朱棣也只好相信。再说，这是姚广孝的临终之求，朱棣不忍心拒绝。

永乐十六年（1418年），姚广孝闭上眼睛死去，因为朱棣答应放了溥洽。姚广孝的一生，有过追求，也有过梦想。可是，天意弄人，梦想成功后，他就开始背负起悔恨活着。也许，直到死了，他仍然有着很多恨事。

嘘，有特务

朱元璋时，为了避免后世效法，已有削弱锦衣卫权力的行为。谁知到成祖时，锦衣卫又呈反弹之势。特别是在永乐十八年（1420年）八月，成祖在北京东安门设置东厂，东厂与锦衣卫合称"厂卫"，形成了较为完备的特务系统。

鉴于历代宦官专权、危害朝政的教训，明初的宦官不允许参政，宦官职位不允许超过四品，月俸一石，衣食于内庭。朱元璋曾对侍臣讲："此曹善者千百中不一二，恶者常千百。若用为耳目，即耳目蔽；用为心腹，即心腹病；驭之之道，在使之畏法，不可使有功。畏法则检束，有功则骄恣。"并于洪武十七年（1384年）将这一禁令刻在宫门的铁牌上，上写："不得干预政事，预者斩！"又敕诸司均不得与宦官机构进行文件往来，规定宦官"不许读书识字"。措施实在是十分严厉。

矛盾的是，出于对官僚集团的监督和加强中央集权的考虑，朱元璋又有意识地加强宦官机构，并赋予了其广泛的权力。从至正二十七年（1367年）始置内使监增设都知监和银作局，花费了31年建成了十二监、四司、八局，即所谓二十四衙门的庞大宦官机构。十二监指司礼监、内官监、御用监、司设监、御司监、神官监、尚膳监、尚宝监、印绶监、直殿监、尚衣监、都知监。四司指惜薪司、钟鼓司、宝钞司、混堂司。八局则为兵仗局、银作局、浣衣局、巾帽局、针工局、内织染局、酒醋面局、司苑局。同时，宦官又被赋予种种超越其职权的特权。如洪武八年（1375年）五月，朱元璋派宦官赵成往河州市马。洪武十一年（1378年）正月，派宦官陈能至安南国吊祭国王陈煓之丧。宦官陈景及校尉于洪武十二年（1379年）三月被派向靖江王朱守谦宣读谕旨，命令他们严格守法而正身，还当场逮捕了朱守谦身边一些为非作歹之人。蓝玉案发生于洪武二十六年（1393年）三月，当时派宦官与驸马去山西，传旨晋王朱棡："说与王，把那三个侯碎砍了，家人、火者、成丁男子都砍了。家财头口交与王府。妇女、王府差内使起解。钦此。"

建文帝在位期间的宦官没有什么权力。在他刚即位的时候，就曾晓谕各地方官吏严密监督外出内侍，有不法之处可将其械送治罪。在宫中对内监管束也非常紧，稍有违忤，立即严惩不贷。这种严厉政策，令很多宦官不安，因而，"靖难之役"期间，不少宦官都投奔了燕王或者为其提供军事情报。

朱棣起兵，"刺探宫中事，多以建文帝左右为耳"。而他自己的宦官如狗儿等，在"靖难之役"中，更是出生入死，功不可没。所以，朱棣即位后，也很器重宦官，宦官的权势遂与日俱增。

永乐元年（1403年），"命内臣齐喜提督千布市舶"。永乐八年（1410年），内官王安被派往都督谭青营，又命马靖镇守甘肃。永乐十八年（1420年），置东厂，宦官先后拥有了市舶、监军、分镇、刺探臣民隐私等大权，宦官的权势又一次急速膨胀。至于宦官出使外国、安抚军民、查勘仓库、减免税收等，较洪武时期越发广泛和频繁。宦官手中权力越来越大，横行不法的事件也频频发生。如永乐五年（1407年），内使李进在山西以采天花为名，诈传圣旨，"伪作勘合……假公营私，大为军民害"。内官马骐于永乐二十二年（1424年）十月传旨谕翰林院，往交趾采办金银珠宝。这些违法事件最后虽被查处，但此时宦官集团的势力已充分表现出来了。

明初的特务机构有两个系统，一是东厂，一是锦衣卫，合称"厂卫"。

永乐十八年（1420年），"厂卫"的职责为"缉访谋逆妖言大奸恶"，由司礼监实行具体管理。东厂提督一般均由司礼监秉笔太监第二人或第三人充任，他的下属把他称作督主，有关防印信一颗，篆文是"钦差总督东厂官校办事太监关防"。一般宦官外出，不得持有"钦差"二字的印信，仅称内官、内臣，而东厂关防特称钦差太监，用以表现其威信与重要。下属有掌刑千户和理刑百户各一名，均为卫官。又有掌班、领班、司房四十余名及十二名管事。役长也叫挡头，戴尖帽，穿素旋褶青衣、白皮靴、系小绦，有一百多名，专门负责伺察。役长手下有番子一千余人为干事。

虽然东厂与锦衣卫是两个系统，但关系极密切。东厂办事人员悉取于卫，"最轻黠猥巧者乃拨充之"，他们亦因此经常相互勾结，反过来，通常又是东厂的司礼太监亲信出任锦衣卫官。"然厂卫未有不相结者，狱情轻重，厂能得于内。而外廷有扞格者，卫则东西两司房缉之，北司拷问之，锻炼周内，始送法司。"即东厂所获，亦必移镇抚再鞫，而后刑部得拟其罪。因而东厂如果势强则锦衣卫就依附它，如果东厂的势力被削弱，锦衣卫就会凌驾其上。

除皇帝以外，上至官府下到民间的任何人都是东厂的侦缉对象。"每月旦，厂役数百人，掣签庭中，分瞰官府，其视中府诸处会审大狱、北镇抚司考讯重犯者曰听记……某门得某奸，胥吏疏白坐记者上之厂曰打事件。至东华门，虽禽夜，投隙中以入，即屏人达至尊。以故事无大小，天子皆得闻之。家人米盐猥事，宫中或传为笑谑，上下惴惴无不畏打事件者。卫之法亦如卫，然须具疏，乃得上闻，以此其势不及厂远甚。"

虽说朱棣圆了自己的皇帝梦，可这皇帝的"梦乡"并不是十分香甜，他总是心生狐疑，猜忌着朝中的文武百官和京城百姓。因为他认为无处不有"篡弑"之嫌，所以，朱棣特别重视亲卫军。在他身边有纪纲、刘江、袁刚三个亲卫军指挥，他们可说是朱棣的绝对亲信，经常侍奉在身边。由于名字发音相近，朱棣每说起他们，就称"三纲"，并且说："朕之生死，有赖三纲。"

在这样的背景下，永乐年间，朝野无人不怕"三纲"。特别是对"三纲"之首的纪纲，更是惧怕到了极点。这是什么原因呢？因为纪纲是锦衣卫的指挥使。

锦衣卫在明朝永乐年间，是朱棣专派大批校尉四处探听消息，逮捕"有罪"官吏的一个机构，既不同于都察院也不同于法司等机构。

纪纲原是济阳的一名儒生，由于品行不好而遭罢黜。纪纲在燕王起兵攻打应天府（南京）路过济阳时叩马投效，得到朱棣信用。纪纲虽然品行不好，但善骑射，很聪明，被朱棣视作人才，授他忠义卫千户。纪纲在朱棣登基后升至锦衣卫指挥使，典亲军，司诏狱。朱棣密旨纪纲，"广布校尉，日摘臣民阴事"奏告，把纪纲视作心腹。纪纲更是极力效忠皇帝，将大批校尉派出，监视官吏的一举一动，并及时禀报。

在重用锦衣卫的同时，朱棣还设置东厂宦官衙门。从此，一个能侦缉密察朝野动静的耳目网络，从制度上建立起来。通过锦衣卫和宦官的刺探与告密，皇帝得以了解朝野上下的一切活动。

实际上这是一个庞大的特务体系，不论是做事的命官、皇亲国戚还是京城土地上的百姓，朱棣都可以迅速得知他们的一举一动。

一天，讲读文渊阁的庶吉士刘子钦借中午休息的时候，与几位朋友品酒，可能是多喝了一点，回到文渊阁后席地而睡。哪知，睡得稀里糊涂的时候，模模糊糊听到有脚步声由外而来，高声喊道："皇帝召见刘子钦！"惊得他一骨碌爬起来，吓得酒意全没有了，随着太监去拜见皇帝。

朱棣见到刘子钦，斥责道："吾书堂为汝卧榻耶？罚去其官，可就往为工部办事吏。"刘子钦不敢申辩，急忙谢恩，换上胥吏巾服，去了工部。刘子钦刚刚在工部与群吏开始做事，皇帝又叫太监传见他。刘子钦哪敢耽误，身上穿着吏服，匆匆去皇宫拜见朱棣。朱棣对他嘲讽道："你好没廉耻。"说完，让左右还他冠带，令归内阁读书去了。

朱棣除了控制官员的一举一动，甚至京城百姓的活动，也在朱棣安排的秘密监视之中。史书记载，京城街巷中发生了一起幼孙殴打祖母的家庭纠纷，朱棣立马知道了，那个幼孙差点被定成死罪。

明初，东厂是朱棣维护统治的得力武器。究竟为什么设了这个机构，史学界目前说法不一，因为在《明太宗实录》中没有详细记录。可能早在朱棣登基后就开始派官吏刺探消息了。直到永乐十八年（1420年）迁都北京城，并在东安门外以北建立东厂衙门时，人们才略知一二。

明代政治生活中的一个显著特点是宦官专权与特务统治的紧密结合，厂卫的横行，造成了"士大夫不安其职，商贾不安于途，庶民不安于业"人人自危的恐怖气氛，使社会风气和政治风气急转直下，所谓"自厂卫司讥访，而告奸之风炽；自诏狱及士绅，而堂廉之等夷；自人人救过不暇，而欺罔之习转甚；事事仰承独断，而谄佞风日长；自三尺法不伸于司寇，而犯者众"，正是对这种现象的形象描述。

小毛贼，休得猖狂

在朱棣的领导下，明朝的疆域得到了极大的发展，四周的国家都被打服了。东南西北这四个大方向，数北方最不安宁。蒙古人一直都很怀念元朝帝国的美梦，总是想恢复蒙古人的统治。本雅失里怀有这样的梦想，马哈木怀有，阿鲁台也怀有。经过明军三次大规模的清剿，本雅失里和马哈木已经成为历史人物，可是，阿鲁台仍然活跃在历史舞台上。

瓦剌军被明军的神机营大败后，马哈木的势力一落千丈，再也激不起大风，翻不起大浪。瓦剌刚刚被明军削弱，正在长城边上避难的阿鲁台迅速北上，发展个人势力。为了权力而争夺的激烈战斗开始了，蒙古地区的政治势力再次重组。经过无数次大大小小的苦战和使人闻风丧胆的阴谋诡计，阿鲁台迅速崛起，发展成蒙古地区的第一大势力。

发展强大后，阿鲁台的骄傲之心又起，不仅不将蒙古地区的其他势力放在眼里，甚至连明朝都敢侵犯。大败给朱棣后，阿鲁台学到了经验。他认为，只要在明朝边境小打小闹，干事不太过分，明军就不会派遣大军征讨。如此一来，蒙古军队既可以抢到所需的用品，又可以逞威风，真是天大的好事。

那一段时间，尤其是庄稼收获的季节，边关频频发送文书，报告被蒙古骑兵侵扰之事。刚开始，朱棣也不以为意，认为是蒙古地区的无业游民纠集起来闹事，不值得大惊小怪。后来，朱棣突然发现，边关告急的文书很多，差不多有全国的奏章那么多。这个时候，朱棣不能再等闲视之了。

蒙古骑兵的侵犯虽然是小规模的，但是持续性的，朱棣就想到他们是有组织性的。有组织性的侵犯，如果不在苗头初露时就及时解决掉，等到事态发展严重，就不容易解决了。派人一查，果然不出朱棣所料，这帮蒙古骑兵不仅有组织，他们的首领还是曾经公然向明军挑战的阿鲁台。

永乐二十年（1422年），边关再次发来文书，告知遭到蒙古骑兵的侵扰。朱棣再也坐不住了，下诏调遣大军，亲征阿鲁台。这一年，朱棣已经五十五岁了。按当时明朝人的平均寿命来看，可以说朱棣是一个老人了。阿鲁台之所以敢放肆侵扰明朝边境，也是因为想到朱棣老了，不会亲征。他只怕朱棣一个人，如果朱棣不亲征，蒙古骑兵就敢跟前来征讨的明军大打一场硬仗。想当初，邱福的十万大军，就是败亡在阿鲁台手下的。可是，天不如人愿，朱棣的行为大出众人的意料，他亲征蒙古。

明朝大军三月出发，七月到达阿鲁台的巢穴沙珲原。大军一路上遇到的抵抗非常小，简直说不上是军事抵抗。看着那些不成气候的蒙古骑兵，朱棣什么都没说，只是轻轻地笑了笑。相比而言，朱棣是老当益壮，越来越勇；阿鲁台却是老而无用，越来越怯。听说明军一路过关斩将，势如破竹，阿鲁台领着妻儿老小，一路狂奔，真的是逃命。

没有逮住阿鲁台，就给他一个小小的惩罚，朱棣就将一腔怒气泼向他的同伙兀良哈。在这次朱棣与阿鲁台的战斗中，兀良哈完完全全是一个出气筒。兀良哈反对明朝，其实是被阿鲁台用武力胁迫的；明朝出军打击兀良哈，并不是恨兀良哈，而是将兀良哈当成替罪羊。明军大举出动，总要取得一点成绩才回去，否则脸上无光。

朱棣兵分两路，命一路军向西挺进。他告诉向西挺进的军队，兀良哈听说朱棣亲征，一定会向西撤退，向西进军正好可以截住兀良哈。领着另一半人马，朱棣跨上高头大马，迅速向兀良哈挺进。

刚刚遇上兀良哈，朱棣二话不说，径直朝敌军大营冲去。士兵们见朱棣身先士卒，人人奋勇争先，扛起大刀狠狠地朝敌人的头上砍去。朱棣是一个战争狂，在他手下混饭吃，如果不跟着他向前冲，日子一定不好过。大才子解缙，就是因为反对朱棣出兵安南（今越南）被贬到地方上去的。更为悲惨的是，户部尚书夏元吉和其他士大夫因为军费不足，坚决反对此次出兵，夏元吉最终被囚禁，他的副手方宾被逼自杀。跟着这么一个爱好打仗的皇帝，如果不奋勇争先，死的就是自己。

这一仗打下来，兀良哈大败，有十几个高级将领被斩首，其他的全部逃散。丢下尸横遍野的兀良哈军队，朱棣调转马头，狠命追击阿鲁台。阿鲁台这次很幸运，明军找了几个月，都没有找到。到

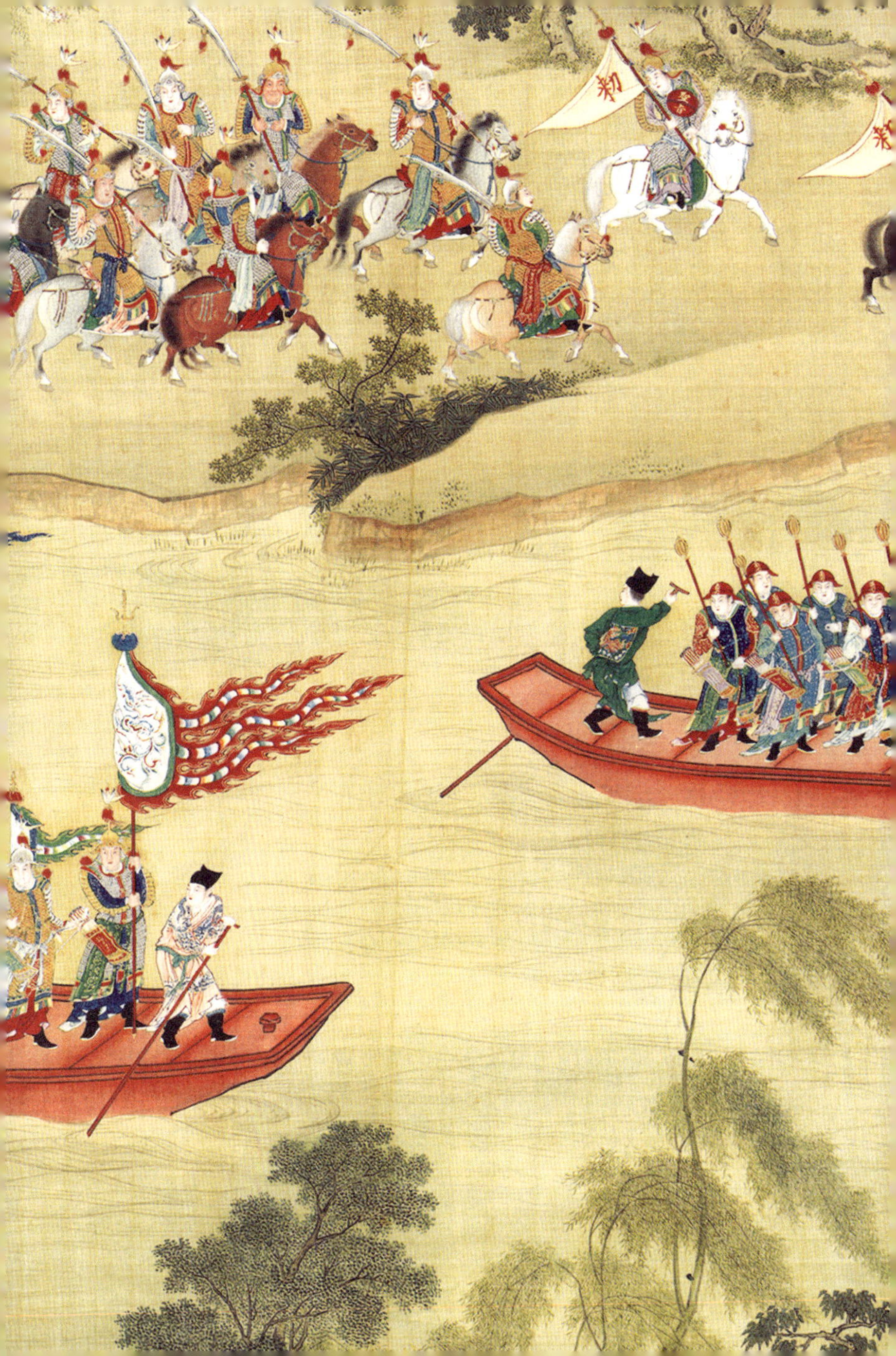

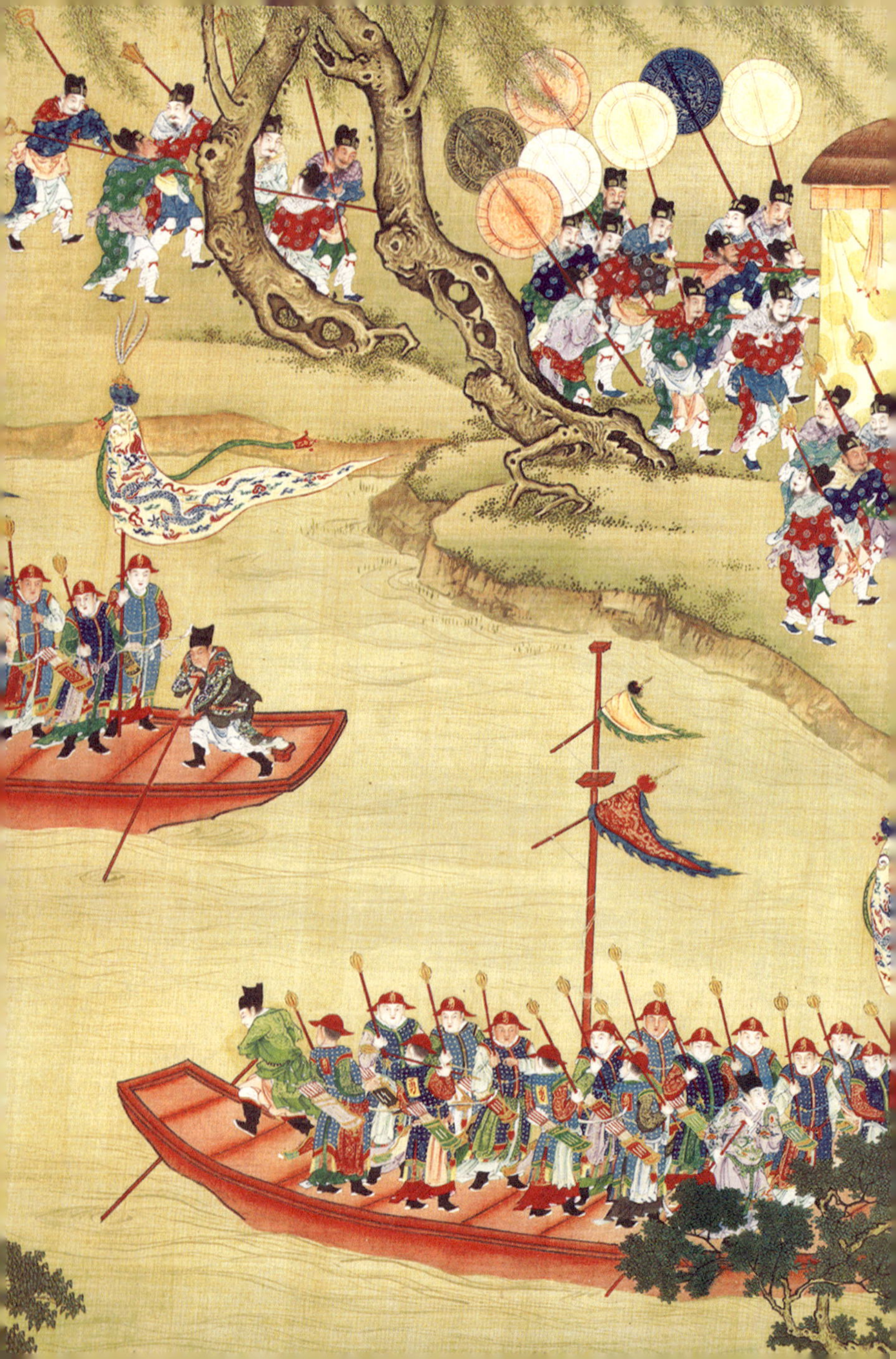

了九月，军粮就要吃完了，又考虑到军费不足，朱棣不得不撤军。撤军途中，明军也没遇上阿鲁台。阿鲁台算逃过这一劫了。

上一次，明军就是在撤军途中撞上东躲西藏的阿鲁台的。回到京城了，还是没有撞上阿鲁台，朱棣闷闷不乐。到这个时候，朱棣打仗已经打疯了，天天都想打仗。如果哪一天没有仗打，他无论做什么都感觉不舒服。可是，朱棣没有仔细想一下，每打一仗，全国就要花费无数的人力、财力和物力。到永乐末年，明朝已经是一个大空架子，虚有其表。全国上下，都希望有一个施行仁政、与民休息的君主。

亲征阿鲁台刚刚过了一年，永乐二十一年（1423年），边关上奏，说鞑靼有可能侵犯边境。朱棣想都不想，就颁布了一项不可违背的诏令，亲征鞑靼。边关只说鞑靼可能侵犯边境，朱棣想打仗想疯了，不考虑国内空虚的具体实情，说什么都要率军出征，他已经变成一个穷兵黩武的皇帝了。

明军还没出发，阿鲁台听到风声后，脚底抹油，逃得无影无踪。这次亲征，白白耗费国家无数人力、财力和物力，结果却一无所获，真的很令人伤心。国家一无所获，并不代表皇帝一无所获。在这次征讨途中，朱棣终于解开了他二十多年来日思夜想的谜。

"神秘男"带来好消息

在一个黑漆漆的夜晚,有一个风尘仆仆的人,急急忙忙地朝明军大营奔去。他走得很急,凡是见到他的行色的人,都会觉得将有一场很大的事发生或者已经发生了。这个人所到之处,凡是遇上明军的守卫,他只要出示一块小小的令牌,守卫就会毕恭毕敬地站直身体,恭恭敬敬地放他通过关卡。经过重重关卡,他终于来到朱棣的营帐前,静静地等着皇帝召见。

此时的朱棣,已经进入甜蜜的梦乡。被近侍唤醒后,朱棣很不高兴,恶狠狠地盯着近侍,问他有什么事。听到近侍说胡濙求见后,朱棣十分惊讶,命近侍即刻宣胡濙进来相见。在朱棣惊讶的表情里,还暗藏着无限的喜悦。朱棣苦苦等了二十几年,这个让他食不甘味、卧不安寝、坐不安席的谜,终于要解开了。

在此,先介绍一下胡濙。他是一个名不见经传的小人物,官居给事中,也没有多大的才学。如果硬要说他有什么特长,那就是担任绝密性的调查工作。永乐年间,东厂和锦衣卫调查工作的效率很高,凡是皇帝交代的事,他们都能迅速处理。可是,东厂和锦衣卫处理的大多是能够公开的事件,对于某些不能轻易公开的,尤其是绝密性质的事件,就不能交给他们处理。朱棣之所以深夜急急忙忙地召见胡濙,是因为他负责一件最为绝密的调查工作。普天之下,只有他和朱棣两人能够知道调查的内容和具体经过。

胡濙的工作说难也难,说简单也简单,那就是找人。朱允炆消失得无影无踪,活不见人,死不见尸,朱棣很担心。登上皇位后,朱棣决定,无论付出多大的代价,一定要找到朱允炆,活要见人,死要见尸。就大规模性的活动而言,郑和几度南下西洋,目的之一就是找寻朱允炆。曾记否,为了审问出朱允炆的下落,朱棣将溥洽关了大半辈子,直到姚广孝(道衍)临死相求,朱棣才释放了溥洽。

那时传言,朱允炆流落在南方。胡濙的活动范围就在两湖及江浙一带,他主要是对这些地区大大小小的寺庙做仔细调查。可是,十年一晃而过,朱允炆仍旧无影无踪。

这些年,胡濙独自漂泊在外,只为查访朱允炆的下落。连生养他的老母亲去世了,胡都不能回家一次。那个年代讲究程朱理学,要求孩子孝顺父母。如果父母还在世,孩子是不能随便出游在外的。如果父母死了,孩子应该马上回家,为父母守孝。为了查访朱允炆的下落,胡濙不能亲自照顾母亲,也不能为母亲守孝,他的心里一定很不舒服。

不管胡濙的心里高兴不高兴,他都必须尽力、尽快查访到朱允炆的下落,赢得朱棣的高兴,否则的话,朱棣一声令下,胡濙的脑袋就要搬家。朱棣灭了很多人的全族,胡濙亲眼见过,他知道朱棣的厉害。胡濙的大好青春,就这样浪费在南方无数大大小小的寺庙里。

永乐十四年（1416年），不知道朱棣是怎么想的，他突然召胡濙回京。尽管胡濙没查访到朱允炆的下落，朱棣还是重赏胡濙，封胡濙为礼部左侍郎。礼部左侍郎是礼部的第二把手，胡濙从一个小小的给事中突然升到这么高的官，很多人都很不解。

三年后的一天，朱棣突发奇想，又一次召见胡濙。他说虽然胡濙没查访到朱允炆的下落，但他担任过上次的任务，有经验，朱棣让胡濙再次到江浙一带查访朱允炆。从此，胡濙再次开始他那没日没夜，也不知道何时结束、漂泊不定的寻人工作。在此需要特别指出，如果寻人工作没有实质性进展，即使胡濙的老母亲死了，他也不能私自求见朱棣。也就是说，只要担任了找人这个重担，除了工作有成绩外，只有朱棣召见胡濙的事，没有胡濙求见朱棣的理。

因此，当近侍通报胡濙求见时，朱棣睁着惺忪的眼睛，非常高兴。朱棣"闻濙至，急起召入"（张廷玉《明史》），胡濙"悉以所闻对，漏下四鼓乃出。至是疑始释"（张廷玉《明史》）。史书上说，朱棣同胡濙谈了很久，但是没记载他们都说了些什么。但无论他们谈了什么，一定会说到朱允炆。如果没有带来朱允炆的消息，胡濙不敢私自求见朱棣，更不敢在半夜三更求见朱棣。

从这些史料价值极其高的对话来看，胡濙对朱棣说了什么已经不重要了，因为阻塞在朱棣心中二十多年的疑虑已经解除了。

自从登上皇位起，朱棣什么都不害怕，只担心突然冒出一个朱允炆起兵反抗他的统治。为了打消民间借朱允炆之名起兵造反的念头，朱棣刚刚登基，就对外宣布，朱允炆自焚，死在宫中。史书上说的，存在朱棣心中二十多年的疑虑，不是朱允炆的下落，而是会不会有一个朱允炆起兵反抗朱棣的统治。

朱棣不惜一切代价，苦苦找寻朱允炆的下落，最终目的是杜绝朱允炆起兵反抗他的统治。从这个意义上说，朱允炆是生是死，流落在哪里，根本不重要。对朱棣而言，如果没有一个叫朱允炆的人起兵反抗，其他的一切都是小事，都容易解决。

就算朱允炆还活着，只要他答应不起兵反抗朱棣，朱棣也不会为难他。攻破应天的时候，朱棣也怀念亲情，给了朱允炆一次机会。军队都打到皇宫了，那时朱允炆还在皇宫里，朱棣命军队不可随便攻进去。朱棣这么做，明摆着不想将朱允炆逼死。

如果朱允炆识大体，乖乖地将皇位禅让给朱棣，事情的发展对大家都很好。如此一来，朱允炆可以安心养老，朱棣也能够顺顺利利地当皇帝，不用瞎折腾。可是，朱允炆选择了一条很折磨人的道路，放一把火烧了皇宫，连他自己也消失得无影无踪。

苦苦找寻二十多年，朱棣的疑虑终于消除了。既然他的皇位能够永固，就没有接着找寻朱允炆的必要了。为了表达对胡濙的奖赏，朱棣正式任命胡濙为尚书。更为奇特的是，这个曾经的给事中，竟然被朱棣任命为明宣宗的托孤大臣。朱棣钦点的托孤大臣只有五位，能力一般的胡濙是其中之一，可见他掌握着稳固明宣宗统治的关键东西。

综合以上史实，再仔细分析"悉以所闻对，漏下四鼓乃出。至是疑始释"（《明史》）这句话，以及朱棣对胡濙的倚重，不少史学家都认为，朱允炆没死。他们的推论是，胡濙找到了朱允炆，并和朱允炆谈了一些关于朱允炆未来的打算。朱允炆告诉胡濙，他不想再当皇帝，也不会起兵反抗朱棣。朱棣听到胡濙转述的朱允炆的保证后，二十多年来担心朱允炆起兵反抗的疑虑就消除了。

生于战火，死于征途

朱棣的一生，有一个心愿和一个疑虑。他的心愿，就是当上大明朝的皇帝，创造千古一帝的辉煌霸业。至于这个疑虑，是朱棣登上皇位后才有的，那就是会不会有一个叫朱允炆的人起兵反抗他的统治。胡濙的一席话消除了朱棣心中的疑虑后，对一个没有忧患的人而言，他的生命已经走到坟墓边上了。

永乐二十二年（1424年），朱棣再次亲征蒙古。这次亲征是朱棣第五次亲征蒙古，距离朱棣第四次亲征的时间不到一年。在间隔这么短的时间，国家频繁用兵，还是劳师远征，百姓自然承受不住。尽管国库空虚，朝廷仍然不得不支持朱棣亲征，否则相关人员就要被问罪，不是发配边疆就是打入大牢，甚至被杀头。

阿鲁台非常聪明，专门打游击战。明朝大军前来征讨，他就急急忙忙卷起铺盖，逃得无影无踪。明军走了之后，他再南下，侵犯边境，抢夺财物。朱棣担心朱高炽继位后对付不了阿鲁台，他心一横，拖着年迈的身体，亲自出征。朱棣连老命都豁出去了，也是为了明朝的帝国大业，真是辛苦。

走了五个多月，明军终于来到阿鲁台的巢穴达达兰纳木尔河。但是，除了缓缓而逝的河水外，什么都没有。阿鲁台听说朱棣亲征，吓得跑了。其实，这个时候的朱棣，已经垂垂老矣，可以说离死亡不远了。

一路颠簸，再加上年老病多，朱棣已经是躺在床上只有气呼出来没有气吸进去的人了。眼见朱棣不行了，随行大臣和武将们就商量对策。可是，这帮文臣和武将的隔阂太大了，说不到一起。

以张辅为首的武将说，他们愿意立下军令状，领取一个月的粮食，深入大漠，无论如何，一定提阿鲁台的人头来见朱棣。张辅是名将张玉之后，又建立了平定安南的奇功，很多武将都追随他。

杨荣不同意，他说大军走了五个多月才到达达兰纳木尔河，如果再继续待下去，就算朱棣的身体撑得住，也会闹粮荒，无论如何，一定要班师回朝。武将们想建立军功，不想无功而返。可是，阿鲁台是大漠的地头蛇，很难找。如果张辅带领一支军队，花了两个月都没找到阿鲁台怎么办？

商量来，商量去，办法没想出来，文臣和武将却吵得越来越凶。听着这群人激烈的争吵，朱棣有气无力地说了一句，班师回朝。皇帝发话，没人敢反对。第五次出征同第四次一样，白白耗费人力、物力和财力，结果一无所获。

走了两个多月，明军七月回到翠微岗。朱棣感到自己不行了，召见杨荣，说了几句知心话。他告诉杨荣，他戎马一生，经过无数次战斗，最终不得不服老。太子朱高炽监国已有二十多年，受到的磨炼够了，对政务已经熟悉了，应该能够得心应手地处理全国大小事务。回到京城后，他就将大权交给朱高炽，自己腾出时间，好好享清福。

杨荣静静地听着，对朱棣说，朱高炽仁厚爱人，一定会处理好全国事务，不会辜负朱棣的期望。这些年来，太子遭到朱高煦无数次陷害，非常艰苦。即使被朱棣强行迁到安乐州后，朱高煦仍然不死心，还在打皇位的主意。

军中的武将，大多支持朱高煦当皇帝，张辅就是朱高煦的好战友。杨荣之所以坚持要求班师回朝，主要是害怕朱棣死在外面，朱高煦伙同军中的其他将领，发动兵变，篡夺皇位。如果军中将领趁朱棣死后造反，杨荣等文臣手无缚鸡之力，必然被朱高煦控制。到那个时候，朱高炽的皇位就会被抢夺。

一路上，朱棣的身体一天比一天差。杨荣很担心，祈求老天保佑朱棣活着回到京城。但是，上天没保佑，刚刚走到榆林，朱棣就断气了。更令杨荣感到害怕的是，朱棣临死前，单独召见了大将张辅。

张辅是朱高煦的好战友，他们的情谊是在战场上培养的。杨荣又不知道朱棣对张辅说了什么，不能确定张辅的立场。面对事关成败的关键一刻，杨荣只能先发制人，走一步险棋，封锁朱棣的死讯，暂时不发丧。

朱棣这一生，有功，也有过。对于国家而言，他的功劳很大。"知人善任，表里洞达，雄武之略，同符太祖。"（《明史》）意思是说，朱棣英明神武，雄才大略，同太祖朱元璋一样。

在朱棣的带领下，明朝"六师屡出，漠北尘清。至其季年，威德遐被，四方宾服，明命而入贡殆三十国"（《明史》）。这话的意思是，朱棣率领军队开疆拓土，实现了四方宾服、万国来朝的美梦。曾记否，有两个小国家的国君，来到明朝后，就不想走了。死了之后，他们也不回国，而是希望能够被埋在中国。

"（明朝）幅陨之广，远迈汉唐！成功骏烈，卓乎盛矣！"（《明史》）在中国历史上，明朝的版图，只比元朝的小一点儿，可见朱棣的贡献不小。当然，《明史》也指出，朱棣"革除之际，倒行逆施，惭德亦曷可掩哉！"（张廷玉等奉敕著《明史》）朱棣的过错，大多是对人犯的，例如登基之际大肆诛杀士大夫。

史学家费正清从人民的视角和国家的发展前途这两个层面评价朱棣，从这两个层面论述，朱棣的帝国大梦带给朝廷和百姓的都是灾难。"永乐帝的国内计划和对外征战的花费是巨大和浪费的；它们给国家和黎民百姓造成了异常沉重的财政负担。这些计划的耗费引起了诸如夏元吉和李时勉等朝廷官员的批评，前者反对对蒙古的第三次征讨和郑和的几次远航，后者反对在北京建都。还有人对征剿安南而造成人力和物力的紧张状况，对漕运制度以及其他国内计划和对外的冒险行动发表了反对的意见。"（费正清《剑桥中国史·明史》）因此，朱棣千古一帝美梦的实现，是以对百姓的压榨和对谏臣的惩罚为代价的。

从国家的长远发展来看，帝国大梦也有贻害。"永乐帝留给明代后人的君主们一项复杂的遗产。他们继承了一个对远方诸国负有义务的帝国、一条沿着北方边境的漫长的防线、一个具有许多非常规形式的复杂的文官官僚机构和军事组织、一个需要大规模的漕运体制以供它生存的宏伟的北京。这只有在一个被建立帝国的理想所推动的朝气蓬勃的领袖领导下才能够维持,这个领袖不惜一切代价,并愿意把权力交给文官,以保持政府的日常职能。"(费正清《剑桥中国史·明史》)

也就是说,如果想要继续维护大明帝国的统治,后继者必须拥有朱棣的帝国大梦的内驱力和实现帝国大梦的才能。可是,明朝后来的统治者缺乏朱棣的远大抱负。后来的皇帝不能满足国家发展所提出的要求,国家自然就要崩溃。从这个层面论述,明朝的败亡,朱棣早就埋下了祸根。

第六章

仁宗是个好皇帝

革命的友谊最长久

朱棣刚刚断气,就发生了一场静悄悄的密谋。近侍马云连忙秘密召集杨荣和金幼孜赶到皇帝大营,商议对策。听说朱棣死了,杨荣和金幼孜都很担心。因为如果朱高煦听到这个消息,一定会趁朱高炽没登基,发动兵变。

乐安府离京城不远,如果朱高煦发动兵变,有很多老将会追随他。如此一来,掌握军事大权的朱高煦就可以为所欲为,结果可能不仅仅是朱高炽当不上皇帝那么简单,可能连杨荣、杨士奇等凡属于太子的人都要遭到灭顶之灾。

为了皇位,朱高煦甚至不惜将自己的儿子朱瞻圻安插在京城。朱棣病重的那些日子,来往于京城和乐安府的、为朱高煦父子传递消息的骑兵络绎不绝,就像赶集一样。安排这么多骑兵传递消息,朱高煦只有一个目的,第一时间知道朱棣的死讯。

敌人的城府如此之深,以杨荣为首的太子的人不得不走一步险棋。经过片刻的交头接耳,马云、杨荣和金幼孜决定,暂时不能宣告朱棣驾崩的消息。封锁皇帝的死讯是一项很重的罪，如果暴露出来，可能被灭族。他们三人这么做，等于连自己的身家性命都押上了。

亲征大军一路南下，朱棣的衣食住行照样井井有条地进行。如果不是知道内情的人，一定不会发觉朱棣已经死了，因为一切看上去都和往常一样。这期间，整个亲征队伍的管理很严格，一律集体行动，不准许个人单独行动。最突出的一条命令是，如果没有朱棣的诏令，无论是谁，都不能私自离开军营。朱棣已经死了，不能颁布诏令。再说，即使有人矫诏离营，也需要掌管印信的杨荣盖印。如果没有杨荣盖印，无论持有什么样的诏令，都不能出营。可是，此时的杨荣，已经不在军营里了。

制定好密谋后，杨荣就担任起了最为紧要的通报任务。他骑着快马，一路上尽量避开人多的地方，飞速朝京城奔去。杨荣等人能够甘心如此为朱高炽卖命，不是因为朱高炽给予了他们什么好处，而是他们将朱高炽视为理想的贤君，甚至是君子式的朋友。

对于朱高炽和太子势力的人的关系，费正清是这样认为的。"朱高炽在早年把大部分时间用于儒术研究上，并接受他父亲挑选的学者的指导。他们之中有杨士奇、杨荣、杨溥和黄淮等人，他们都培植了与他的友谊，并在他登基后担任了重要的行政职务。"（费正清《剑桥中国史·明史》）

朱棣和朱元璋都很重视对子女们的教育，尤其是让其接受儒家的教育。因为身体不便，朱高炽就有很多时间陪在皇帝所选拔的士大夫身边，听从他们的教导。久而久之，朱高炽不仅养成了儒士的性格特点，也与士大夫们产生了感情。

相比之下，朱高煦的成长环境与朱高炽的截然不同。"由于永乐帝本人是一个受过锻炼的指挥将领，他偏爱他的两个较年幼和更好武的儿子朱高燧和朱高煦，并常常带他们去参加征战，使其长子接受了一种不同类型的教育。"（费正清《剑桥中国史·明史》）

在充满奸诈的、血与火的战场，朱高煦和朱高燧养成的是武将的性格。朱棣穷兵黩武，整个国家都被他弄空虚了，士大夫们不希望一个很像朱棣的人继承皇位。从这个意义上来说，朱高炽能够当上皇帝，是明朝发展过程中各种因素综合作用后的历史性必然选择，而不是人为选择的结果。

1424年的农历八月二十五日，朱高炽得知朱棣的死讯。他立即和杨荣、蹇义和杨士奇等人商量，如何顺利地继承皇位，又不激起朱高煦的反抗。经过一番策划，杨荣等人认为朱高炽应该先登基称帝，加强京城的治安，并派人到应天镇守。

自从迁都后，应天的地位一落千丈。但是，百足之虫，死而不僵，应天在明朝的影响仍然很大。想当初，朱高煦迟迟不肯离开应天，目的之一就是想借开国之都应天的名气闹事。朱高炽派去镇守应天的人，是明朝历史上很出名的太监，人称王景弘。将这么重要的任务交给一个太监，可见太监在明朝的地位不低。朱高炽这个小小的举动，预示了后来大明朝的发展趋势之一，太监的地位越来越高。

朱高炽登基了，朱高煦才知道朱棣的死讯。在这之前，朱高煦就像被蒙在鼓里，什么都不知道。从表面上看，这次朱高煦的失败，是因为消息不灵通。其实，从本质上来说，朱高煦的失败，根源是文官集团的反对。他没能当上太子，因为解缙和黄淮等人不喜欢他；他陷害朱高炽的阴谋被揭发，因为杨士奇、杨溥和杨荣等人反对他；他想趁朱棣之死发动兵变却没成功，因为金幼孜和杨荣等人没给他一次机会。

文官集团不仅辅助朱高炽登基，还为朱高炽的统治出了很大的力。朱高炽身体不好，脑子也不怎么好用，面临大事的时候，需要咨询老练的杨士奇、处变不惊的杨荣和随遇而安的杨溥。朱棣改组的内阁有七名成员，到朱高炽的时代，内阁成员也有七名，但不是每个人说话的分量都一样重。因为杨士奇、杨荣和杨溥三人在朱高炽的内阁中的分量很重，人们将朱高炽时期的内阁称为"三杨内阁"。

九月七日，朱高炽正式登基称帝，他的年号是洪熙。朱高炽称帝后，"三杨"不仅被加封官品，甚至还被授予其他部门的职务，例如杨士奇兼任兵部尚书，杨荣兼任工部尚书。如此一来，"三杨"就不仅仅是提供咨询，还能过问其他在职大臣的行政事务，在必要的时候能对政治施加影响。"三杨"与朱高炽是一条心的，有他们的支持，朱高炽在施行相关政策的时候，就容易多了。

"洪熙帝由于他的背景，与这些重要的朝廷官员有一种亲密的关系；他与其后继者们不同，经常召见他们进行正式会议，要求在他对重要事务做出决定前在密封的奏章中提出意见或建议。这样，内阁不再是像以前明代统治者之下的不能负责的咨询机构，大学士亲自参加了决策。对洪熙大力取消他父亲的不得人心的计划和在全

国建立正规的文官政府的行动来说,这种集团领导是必不可少的。"(费正清《剑桥中国史·明史》)

明朝是中央集权国家,君主的性格和策略对国家发展的影响很大。朱棣是一个好大喜功的皇帝,因而他能够不顾群臣的反对,屡次出兵,多次派人下西洋,建立空前的永乐盛世。相比而言,朱高炽就文弱多了,他没有建立大明帝国的远大抱负。

刚刚继位,朱高炽就颁布很多诏令,取消朱棣在位时期很多不得人心的举动。例如,他很想将首都迁回应天,并且花大力着手解决相关障碍。如果不是他死得早,明朝的首都还是会迁回应天的。

减税是个好办法

明仁宗登基后,颁行了许多诸如救济灾民,免除赋税的休养生息政策,并且经常下令让地方官宽以待民,体恤人民疾苦,以缓和阶级矛盾,减轻因连年战乱和迁都带给人民的沉重负担。

永乐二十二年(1424年)九月,黄河决口,河南开封被淹,灾情严重,百姓流离失所。仁宗下令免除开封当年的赋税,并派遣右都御史王彰前去安慰灾民。当月工部向皇上上奏,建议征收布漆,以整修军备。仁宗下令:自此以后,官家所用物料一律到产地以钞买之,禁止向百姓征收,违背的按律治罪。治水左通政乐福上奏:"江南苏、松、常、杭、嘉、湖六府发生水灾。"请求延缓赋税的征收。仁宗获悉后准许以钞币代替粮赋征收。直隶广宗县发生水灾,仁宗得知后命令当地官员开仓放粮,救济灾民。

十月,山东登州、莱州诸郡发生水灾,仁宗下令免去赋税。因苏州、徐州发生水灾,仁宗下令免去当年秋天的赋税。浙江乐清发生饥荒,仁宗下令开仓放粮救济灾民。而且仁宗下令跟各地的官员说:"凡是国家政策中有不利于人民的一定要上奏,如果当地受灾不立即上奏请求赈济者,必给以论处。"

为了发展农业生产,仁宗曾多次下令不准干扰农务,并于永乐二十二年(1424年)九月下令把太仆寺的马分给各卫所以及沿边戍守边疆的士兵牧养,以用于农耕。仁宗的这种做法是考虑到农业的恢复和发展,怕因牛马不足耽误了农耕。仁宗曾告谕户部尚书夏原吉说:"自古以来寓兵于农;农民若无转输之劳,则兵食足矣,先帝创立的屯田法不错,但是农耕经常受所司征派徭役的干扰,从今以后,对全国各地卫所屯田军士,差役不得擅自摊派,有碍农务,违背命令者要严惩不贷。"

洪熙元年(1425年)二月,在舞阳、清河、睢宁一带发生饥荒,民众四处逃荒,民不聊生,仁宗下令将本县仓储中的粮食发放给灾民,以救济他们。三月,乐亭、连城、莱芜、蓬莱等地发生灾荒,同样,仁宗也命令将本县仓储的粮食分发当地农民。四月,南方的官员说,山东、淮安、徐州等地,农民粮食匮乏,而当地的主要官员对此不予理睬,仍然加紧征收赋税。于是,仁宗向蹇义查问情况。蹇义答道:"确实如此。"仁宗命令杨士奇草拟诏书蠲免山东、淮安、徐州当年夏税的一半,所有的官买物料一律停止。杨士奇说:"必须令户部、工部知晓。"仁宗说:"救民如救火,不可稍有迟缓。主管官员一定会因考虑国力不足,而犹豫不决,以后再通知他们好了。"于是令杨士奇在西角门草诏,皇上阅览完毕立即颁行。仁宗对杨士奇说:"体恤平民百姓宁可过厚,作为天下之主,怎么可以与百姓斤斤计较呢!"大名府、河南、山东等地发生饥荒,仁宗闻讯便下令开仓储赈灾。仁宗在位仅仅十个月，但他时刻想着"以民为本，以农为本"，实行与民生息的政策，这对调动农民的生产积极性，使农业不断向前发展有积极作用，同时也稳定了社会政局。

　　仁宗告谕户部大臣说："农业是农民衣食之源，耕耘收获，不能误了时节。从现在开始，无论什么时候，不要把差役放在务农之前，而要等到劳动力有闲余时再征派。前人曾有过放弃农耕而滥发徭役，致使农耕遭到妨碍，引起天下暴乱之教训，我们必须警惕。"京城附近大兴、宛平二县的县官被仁宗召见进京，旨谕他们将百姓安抚好，让农民首先感受到政策上的恩惠，并说，最近几日，徭役之事仍困扰着在京的百姓，这些难道不是你们这些州县地方父母官的失职造成的吗？并下令三天为限，让县官将民间何事便利、何事不便全部具体报来，由皇上亲自处理。如果地方官吏对朝廷的旨意置之不理，将论罪惩处，毫不姑息。

我也可以做魏徵

仁宗长期监国，他深深感到朝政大事必须依赖朝廷诸臣与君主的密切配合。因此，他即位后提高阁权，优待"三杨"为首的内阁大臣与夏原吉为首的六部大臣，多次颁布诏令，请他们上朝当面直言进谏，辅佐朝廷大政，共同治理天下。

杨士奇在仁宗刚刚即位时就被召见，仁宗说："今后朝廷大事，全依仗蹇义与你了。"杨士奇不负皇帝的厚望，办事公平合理，直言上书。仁宗派遣监察御史前往全国各地，对地方官吏进行考察。这时，蹇义、夏原吉上奏皇帝说："户部尚书郭资在任职期间，常常阻碍政事顺利处理，而且身体又多病，应令其退休。"仁宗对蹇义、夏原吉的话半信半疑。于是杨士奇又被仁宗召来询问实情。杨士奇回答说："诏书数次下令要蠲免受灾农民的税赋，可是郭资执意不听，令地方主管官员仍依旧额征收。这乃是他为政最大的失误。"仁宗听后，颁布诏令：郭资由原户部尚书晋升为太子太师，命其退休。

洪熙元年（1425年）正月初一，仁宗在奉天殿召见文武官员，命礼部、鸿胪寺不作乐。先前，礼部尚书吕震奏请皇上，在元旦改年号这天，按照朝廷礼仪的惯例，应当奏乐以示庆贺，皇上不听。但吕震仍坚持作乐的请求。这时，大学士杨士奇、黄淮、杨荣、金幼孜都认为陛下言之有理。第二天，杨士奇等人又受仁宗召见。仁宗对他们说："作为君主以接受直言为明主，作为臣子以能够直言为忠臣。假如昨日朝会听从吕震之言，到现在后悔也来不及。从今以后，朕所作所为有不当之处，请诸臣直言不讳，不要考虑朕不从。"之后，分别赏给每人银钞，以资鼓励。

当时普通官员很少进言。仁宗针对这种情况，颁布敕谕，大意是："朕继承大统，君临百姓之上，天下之广，国事繁多，一人怎能独自应付得了呢？各位文武官员是贤能之士，皇帝只有依仗你们，齐心协力，共图大业。因此刚一即位，首先诏告朝廷内外，寻求直言上谏。可是现在过了这么长的时间，直言者寥寥无几……你们都受国家培养，朕对你们寄予厚望，不要害怕直言受到谴责，要君臣同体，休戚与共，来辅助朕管理好国家。"仁宗希望廷臣能直言上谏，充分体现出他心胸的宽阔，有胆有谋。仁宗为政十个月，除"三杨"等名臣外，直言上谏的人并不多；但仅是"三杨"的谏言，也使朝政风气为之一新。

洪熙元年（1425年）四月，有许多大臣进言对时政大加称赞，唯独杨士奇进言："如今流亡迁徙他乡的百姓未归，困乏的处境并未恢复，很多地区的农民还缺少粮食，应休养生息数年，太平盛世才能够实现。"仁宗欣然采纳杨士奇的建议。又对蹇义等人说："朕赐予你们'绳愆纠谬'银章，希望能够秉公上谏，只有士奇一人上书五次，其他人一次也没有，难道真是朝政无误，所有的百姓都已经安居乐业了吗？"诸臣叩首谢罪。

尽管仁宗鼓励直言，但也不乏虚伪之时，虞谦因坚持直谏而被贬就是一例。

虞谦，字伯益，金坛人。洪武年间，曾经在杭州担任知府的官职。永乐初年，被召为大理寺少卿。永乐七年（1409年），皇太子高炽奏请父皇，让虞谦担任右副都御史，在江浙地区担任巡抚。朱高炽即皇位后，他被召回北京，改任为大理寺卿。虞谦任职期间，尽心尽力主持政务。对于法司及各地所上报的诉讼案件，他都要认真详细地阅读案宗，仔细区分真假，以使最后的判决公平、公正。他曾经对别人说道："他们的无憾，就是我的无憾。"

永乐二十二年（1424年）十月，仁宗皇帝即位不久，在朝廷内外颁下诏书，责令群臣秉公直言，对朝廷的所得所失做出评论。虞谦应诏上言陈述七件大事，每件大事都切中当时的流弊。第一，慎重用人。他说：要想帝业兴旺，国家昌盛，必须做到用人得当。如果用人不当则帝业衰亡。第二，兴办学校。教书育人是学校的根本。第三，端正风气。第四，广储蓄。国家仓储空乏，必须预先积储，以备灾荒时需用。第五，爱惜民力，重视发展农业，缺少马的郡县应该分到军马，用于农耕，促进生产的发展，增加百姓的收入。第六，流通货财。要广泛地开源节流，增加收入。第七，惩治奸宄。由于各地方州县的盗贼很多，应于各州县编制里甲，使之互相监督，对犯罪的人予以惩治。虞谦对皇帝直言上书，陈词尖锐，每次都击中要害，由此激怒了仁宗，仁宗说他言辞过于偏激，小题大做了。礼部尚书吕震、都御史刘观等人认为，向皇上献殷勤的机会到了，为了讨好皇上，便上书劾奏虞谦。

在吕震、刘观等人的挑拨下，仁宗更加生气，将虞谦降职为少卿，他朝参的资格也被免去。从此，上言陈述时政弊端的人就不多了。在上奏前，有的大臣曾建议，虞谦应秘密陈述于皇上，不应在上朝的群臣面前公开上奏，免得皇帝的尊严受损。当时，大理寺属官杨时习就劝过他，这个劝告没有被虞谦采纳，他仍坚持公开上言，结果皇帝给他降职的惩处，而劝阻虞谦公开上言的杨时习，却被皇上提升为大理寺卿。

此后不久，杨士奇因事上奏，但之后却没有立即退朝。仁宗便问："你还有什么想要说的吗？莫非是为虞谦的事情吗？"杨士奇非常镇定，不慌不忙地为虞谦申辩道："虞谦历经三朝，深懂大臣之礼，往日政绩显赫，今日所犯的过错甚微，皇上不应给予他如此重的处罚。"杨士奇又请仁宗降敕引过，仁宗听了杨士奇的话后说道："我也后悔啊！"之后，仁宗恢复了虞谦的大理寺卿这一官职，但朝参的资格仍未恢复。

虞谦虽被恢复官职，但不能参与朝政，为此，杨士奇又继续上疏说："如今各地前来朝拜的大臣都在，岂能都知道虞谦的过失！此事如果张扬传播出去，有人会说皇帝不能采纳直言，此事可就大了。"仁宗听了杨士奇的话，恍然大悟，说："这都是吕震误了朕。上言朕是支持的，只是谦所言过激了。你可以将朕所说的话传告天下人士。"士奇回答说："此事并不是臣等不能传告天下，只是臣认为应以玺书广布天下。"于是，仁宗命杨士奇代为起草敕书，承认自己的过失，并命令百官群臣不要为虞谦之事而担心，应继续直言上书。他在敕书中说："前几天大理少卿虞谦上书陈述当时朝政大事时，言辞过于偏激，但多为实事，朕当时有些接受不了。群臣中有的为了讨好朕，交章劾奏，请求把他绳之以法，朕没有听从，仍然恢复他的原职，但还是不让他上朝参奏。此后，上朝进言的人日益减少，难道他们真的认为国家无事可言吗？朕在对待虞谦上书之事的处理上，一时不能容忍，事后何尝不悔恨自己啊！今后文武群臣，只要是对国家社会有利的事情，都要及时上书，向朕陈述，对于当前政令执行不当、积弊已久的事情，也要及时直言，千万不要因虞谦的例子而回避朕啊！以后，我们君臣要相互共议国政，今允许虞谦参与朝奏如旧。"

仁宗在杨士奇的直言劝谏下，免去对虞谦的处罚，恢复了他的官职，并允许他参与朝奏，又引以为戒，下罪己诏告谕文武百官。不久，虞谦被封为副都御史，前往四川负责停止采木之役。临行前，仁宗亲自召见虞谦，说："你平常一向清廉正直，帮助朕前往四川处理扰民之役，不要猜疑和害怕。"

仁的政策放光芒

身为明代"盛世"的君主仁宗,知道治理国家的根本是爱惜民众,保存农力与牲畜,发展农业。为此,他多次颁布废除一切不利于保护牲畜、发展农业的诏书。牲畜作为农业生产的最基本的劳动工具,对发展农业、维持农民生活是必不可少的。因此仁宗把禁止私自宰杀牲畜作为一条法令颁行全国。

有一次,太常寺的主管官员向仁宗上奏说:"最近,专门饲养供给祭祀用的纯金色的全体羊越来越少,供不应求,请求内库发给钞币,派遣官员到产羊集市购买。"仁宗看完奏折,立即批示道:"作为百姓的父母官,必须爱惜民力,而后才可以供奉神灵。朝廷侍奉神灵,难道不舍得花钱吗?去年负责办理此事的主管官员不顾全大局,按照洪武中期的价格到集上购买祭礼的牲畜。实际上,任何商品的价格,随时都依赖市场的行情变化而变化,不会是固定不变的价格。现在比较洪武时期,民间各种物品的价格已涨了几十倍,然而祭神之物,却仍旧按照原来的价格,百姓的利益因此受到损害，民众怨声载道，愤愤不平，神灵岂能享受供奉？今后供祭祀用的牲畜，必须按照京城的市场价格给钞购买，如果在产地购买价格不足，当地政府应从所罚赃款中补发给百姓，这些应由当地主管官员执行。另外，巡抚御史监督畿辅之内市场，按察司负责监督畿辅之外，严禁低价收购牲畜，切勿骚扰百姓，损害他们的利益。"仁宗这种爱惜民力的思想是难能可贵的。

所谓"法"，是一个国家用于维持国家统治秩序，保护人民生命财产安全的法律制度。法律、法令的执行应该公平。封建社会的君主作为最高统治者，无疑要对法律有充分的、深刻的认识，所有开明的君主都应秉公执法，不徇私情，不滥行酷法，而实行仁政，以取信于民，使法律、法令成为维护社会长治久安的根本保证。

明仁宗朱高炽，是位开明贤能的君主，他决心以执法公正、实行仁政来振兴国家。他告诫负责处理刑事案件的刑部官员与都察院的主管官员："朕对于刑法，不敢依个人的意志而有所改变。你们处理刑事诉讼案件，也应当广集各种材料和情况，仔细辨别案情的真伪，依据真凭实据，秉公处理，从而达到有罪能绳之以法，无罪者不白白受冤。只有执法者公正办案，才能使法律严明而取信于民。这样一来，天下人才能有所忌讳，而不是无视法律而为所欲为；从而使天下太平，百业兴旺。"仁宗又进一步指出："你们不可对真相实情不明，只凭个人主观愿望和主观判断，或迎合朕的意思，导致无罪的人含冤而死。朕厌恶这样的行为，更不准许这样的事情发生，你们要引以为戒。身为国家的重臣，国家的重任在你们身上，如果某一时候我怒气冲天，怀恨在心，对某一案件处理不当，希望你们能向朕直言，以达到执法公正、无私，不要令我失望啊。"可以看出，他深深认识到，执法公正是治理国家的关键。

仁宗既主张秉公执法，又主张废除酷刑，实行宽政。洪熙元年（1425年）三月，仁宗下诏说："刑法是用以禁止暴乱行为，引导民众行善的，不是专门用来诛杀的。所以，法律、法令制度的制定，要轻重适度。作为执法者，更要依法据实秉公处理，切勿冤枉好人，滥施酷刑。此后，所有有犯罪行为的人的定罪都要以法律为依据。当朕由于个人过于愤怒，超越刑法之外用刑不当时，你们必须秉公上奏，帮助我改正。假使你已上书五次，仍没被采用，还要联合三公大臣一起上奏，直到得到允许才可停止。"

他还说："各主管刑狱的法官对囚犯不得实行鞭背与宫刑这两种酷刑。从今往后，只有犯有谋反大罪的，才给予株连亲属的刑罚。自古以来，凡是开明盛世，都采纳听取民间的进言，作为警诫、教训。现在奸诈狡猾的人，往往从只言片语中大做文章，对好人进行诬陷、攻击，使好人背上罪名被打入狱中。这样刑法不公，民众则无法可依了。以后，只对诽谤他人的予以惩治，对于上告之人不要治罪。"仁宗又告谕刑部尚书金纯说："最近以来，掌管刑法的官署应专门处理那些妄加罪名肆意罗织的案件。法律要讲求宽大。"金纯上承皇帝的旨意，对犯人实行宽大处理，而且属下的狱吏也常被告诫，不许擅自用棰击打犯人。从此之后的一段时间，狱中打死人的事情没有发生过。

仁宗严禁施行酷法，时时告诫朝廷内外文武大臣，应该端正执法风气，实行仁政，爱护天下百姓；百姓受到感化，国家才能日渐兴旺起来，社会也会日趋稳定。

明仁宗不仅执法公正，而且为人宽厚、仁慈。他还是皇太子时，就懂得要关怀、爱护士兵。即位之后，他凭借自己长期监国的丰富经验，实行开明政策，广施恩泽，体贴民众，采取与民休息的政策，以争取人心归附，达到社会长治久安的目的。

依照明朝的旧制，必须是紫禁城内由皇帝直接控制的亲军属下的各卫军士，才有资格成为守卫皇城的将士。这些将士担负着神圣使命，那就是保证皇帝及其家族的安全。因此，要对他们进行严格挑选、考察训练，然后再委以重任。同时皇城卫士必须是忠实可靠的人，而且能够长期使用，所以要求这些将士必须忠于职守，不能轮流更换。为了确保皇帝的安全，他们还必须与外界隔绝，甚至不能和自己的妻子、儿女和父母相见。

仁宗即位后，意识到以往守城将士均是亲军，且又不得更换的旧制存在着很大弊端，便下决心要改革这种旧制。他怜悯生活艰辛的守城卫士，说："守城卫士长期守卫皇城，不分昼夜，极为辛苦、劳累，加上长年累月不能更替，甚至不准回家休息，无法与父母、妻子儿女团聚，实在是太残酷了，于情于理都说不过去，必须加以改革。"于是，他下令从分散各地的卫军中，选出精明强壮的卫士，以更换那些长期守城的将士，让他们有机会进行休整。为此，兵部尚书吕庆上言说："守卫将士事关重大，怎么可以相信分散的卫军呢？"仁宗笑答道："对人不能全信，也不能全都怀疑。作为人君要广施仁爱，以博得众心。以诚得其心，方能化敌为友，如若失去人心，即使是亲信也会反目。古人云：舟中敌国，盖既往多有之矣。"

仁宗关心士卒的疾苦，并施以恩泽，博得了他们的拥护和爱戴。吕庆等诸臣也都被仁宗的仁爱之心感动。

朱高炽与大臣们这种良好的关系与感情，极大地影响了他登基后的政策。

朱高炽与建文帝朱允炆都是朱明建国后的第三代传人。他们与祖父朱元璋，父辈朱标、朱棣都有所不同，在君主独裁与统治集团内相对民主化的选择方面，更倾向于后者。

朱高炽即位后实行的仁政，其实就是一种宽松政策。这恰恰迎合了当时文人士大夫们的利益与理想。他除了在其登基的诏书中规定罢西洋宝船，停止迤西市马和云南、交趾采办外，还施行了一系列善政。多年监国经历使他积累了丰富的政治经验，而即位又使得当年根本无从推行的政治主张如今终于能够变成现实了。

没白叫你"仁皇帝"

洪熙元年（1425年）的一天，散朝后，朱高炽留下杨士奇和蹇义两人。他们三个人也没谈什么国家大事，也没谈个人将来的计划和打算，只是说一些过去的事情。说了几句后，朱高炽情至深处，难以自拔，当着杨士奇和蹇义这两位老臣的面，竟然流出了眼泪。

朱高炽的意思是，他监国二十多年，时时刻刻都遭到小人的暗算。如果没有"三杨"等人死力辅助，他可能早就死了，怎么能够当上皇帝。这些年来，无论时局多么险恶，道路多么艰难，"三杨"等人都站在他这一边，他很感动。

皇帝热泪盈眶，再仔细回想这二十年来所遭遇的困难，杨士奇和蹇义也感触良多，真是千头万绪，一时之间不知道从何说起，也纷纷掉下泪来。他们三人流着眼泪，将二十年来的经历都仔细回忆一遍，忆苦思甜，就像好朋友一样。

这个时候，在锦衣卫的诏狱里待了十多年的杨溥，终于等到属于他的太阳了。朱高炽放他出狱，提拔进入内阁，加以重用。这些年来，杨溥在环境恶劣的诏狱里，吃得又不好，不知道落下多少怪病。可以想象，如果没有将读书作为一种寄托，杨溥早就对未来灰心绝望了。

朱高炽是永远的好人，对朋友很好，对敌人也很好。掌握真正的实权后，他为很多遭遇打击和陷害的人平反，对该加官补偿的加官补偿，对该发放财物补偿损失的发放财物。一句话，凡是因为他而遭到打击的人，朱高炽都尽力弥补。不仅如此，对那些曾经陷害他的人，朱高炽也不深究。有才能的、能够为国家贡献力量的，他尽量留在朝廷；无才无德的无用之辈，朱高炽也是只将他们贬为平民，逐出朝廷。

但是，好人总是很难被人理解，朱高煦就非常不理解朱高炽。即使朱高炽登基称帝了，朱高煦仍然不甘心。尽管遭到朱高煦的种种阴谋暗算，"朱高炽对他并不怀恨在心；朱高炽登基后不久就增加了这个亲王的俸禄，并授予他的几个儿子爵位。不幸的是，朱高煦始终未认错"（费正清《剑桥中国史·明史》）。

从当时的情况来看，朱高煦仍然这么猖狂是有道理的，原因很简单，朱高炽活不长。朱高炽的身体很不好，当上皇帝后，病情越来越恶化，身体一天比一天差。稍微有一点儿病理常识的人都知道，照这个样子恶化下去，朱高炽肯定活不了两年。上次没抓住朱棣驾崩的机会，朱高煦很不服，无论如何，这次一定要抓住朱高炽去世的机会，趁机称帝。朱高煦已经被当皇帝的梦给迷昏了，如果当不上皇帝，他死都不闭眼。

事实证明，朱高煦的感觉是对的，朱高炽活得不长。朱高炽在位的时间，粗略算一下，不到一年。他九月正式登基，到新年这段时间，仍然要用他父亲永乐的年号，不能用他的洪熙的年号。也就是说，尽管朱高炽1424年的农历九月登基，也要到1425年才算洪熙元年。

当然了，个人一生的功绩，不能以生命的长短来计算，而要看他做了什么事。尽管朱高炽的执政时间很短，但他做的都是惊世骇俗的、令无数老朽的士大夫瞠目结舌的大事。

刚刚继位，朱棣尸骨未寒，朱高炽就敢改动他的法令。前面说过，朱高炽监国期间，因为朱棣的很多法令十分严苛，不得人心，他就私下改了很多。朱棣发现后，大肆打压太子党，将严苛的法令给改回去了。现在，朱高炽当上皇帝了，朱棣死了，没人能够阻止他更改严苛的法令。最值得提起的是，朱高炽告诫司法官根据法律宣判，如果司法官利用权力干违法的勾当，后果很严重。另外，宣判死刑前，司法官必须再次复查对犯人的指控。如果不复查，就以失职罪论处。

朱高炽的第二个举动是为遭受朱棣杀害的人平反。他下令赦免那些因为靖难之役被罚为奴的官员家属，并且由国家送给他们一定量的土地，既当作国家赔偿，也为了稳定这些人的生活。如果是被灭族的人，政府尤其是相关主管部门，无论多么困难都要仔细查访，看有没有侥幸逃过一劫的人。找到这些侥幸逃过一劫的人，要立即上报，好让中央拨付赔偿。

当年齐泰和黄子澄都被灭族，齐泰有一个年仅六岁的小儿子，因为年龄不够，特赦杀头之罪。死罪可免，活罪难饶，被罚去守卫边疆。朱高炽下诏，再次特赦齐泰的儿子，让他安安心心回家。黄子澄有一个儿子，全家被灭族时，他更改姓名逃过一劫，朝廷查到他的踪迹后，朱高炽也下诏赦免。

方孝孺的气节很令朱高炽感动，尽管他被灭十族，按理说不会有什么亲戚和朋友，朱高炽还是下令找寻方孝孺的亲人。怀着儒家的理想人格，朱高炽认为，像方孝孺这样的忠臣义士，不应该绝种。在他的心里，方孝孺不仅是天下读书人的种子，也是天下有气节的人的种子。

找来找去，终于找到一个与方孝孺沾得上亲戚关系的人。方孝孺有一个叔叔名叫方克家，方克家有一个儿子叫方孝复，他被罚去守卫边疆。听到这个大好消息，朱高炽即刻下令，接方孝复回家。大难不死，遭受种种困难后，还能回到家乡是天大的好事。可是，回到家的方孝复发现，亲人都死了，家只是一所空空荡荡的房子。当此情境，即使是铁石心肠的人，也会心酸落泪。

紧接着，朱高炽组建了一个调查小组，调查朱棣在位期间的经费开销。"洪熙帝最关心的是他父亲耗费巨大的种种计划所引起的黎民百姓的财政困境。"（费正清《剑桥中国史·明史》）他派遣调查组到几个主要的地方政府去查纳税负担，调查出来的结果令朱高炽很心痛，因为百姓的负担很重。自此，朱高炽颁布了很多减轻人民负担的法令。"他还免除受自然灾害的人的田赋，并供给他们免费粮食和其他救济物品。"（费正清《剑桥中国史·明史》）

可惜，好景不长，好人的命更不长。洪熙元年（1425年）五月份，朱高炽当皇帝不到一年就死了。关于他的死因，有几种说法，第一种是被雷击死，第二种是中毒而死，第三种是过度纵欲而死。"但是一名太监的报告说他死于心脏病发作，考虑到皇帝的肥胖和足疾，这种说法更为可信。"（费正清《剑桥中国史·明史》）

"在位一载。用人行政，善不胜书。使天假之年，涵濡休养，德化之盛，岂不与文、景比隆哉。"（《明史》）短短几句话，既点出了朱高炽的历史功绩，也指明了他壮志未酬身先死，很令人惋惜。

纵观朱高炽的一生，他是历史所盛赞的理想型的开明儒家的贤君明主，他以古代贤王为楷模，坚持简朴，广施仁爱，更为重要的是，他对人很诚恳，没有城府。只有朱高炽，才做到了既是朝臣的君主，也是朝臣的朋友。

从国家发展层面论述，朱高炽大力巩固明朝根基纠正永乐年间推行的严酷和不得人心的经济、军事和工程计划，因而受到一致的赞誉。他的出发点是贤君明主和儒家观念，他的许多政策和措施都反映了这种对为君之道的理想主义的向往和对儒家思想的认识。

诚如《明史》所指出的，费正清也给出了自己的论断。"过早的死亡阻碍了洪熙帝去实现一切目标，但尽管如此，他留下来的遗产仍是一清二楚的。除了人道主义的社会活动外，他对儒家的政治理想——一个道德上坚毅的皇帝采纳学识渊博的大臣们的忠告统治天下——也做出了贡献。在他统治时期，他十分信任翰林学士，他

把他们提升到负有很大责任和很大权力的职位上。"(费正清《剑桥中国史·明史》)

尽管朱高炽的功绩没有朱棣的大,但历史给他的正面评价很高,甚至大于朱棣所得到的正面评价。

第七章

宣宗也是好样的

无赖弟的夺位阴谋

朱高炽还躺在病床上的时候，就有两双闪闪发光的眼睛紧紧地盯着他的一举一动：一双是他的儿子朱瞻基的，另一双则是他的弟弟朱高煦的。朱瞻基的那双眼睛炯炯有神，蕴含着青年人才有的无限渴望。朱高煦的那一双眼睛，凶光毕露，邪意尽现，是一个集阴谋与野心于一身的、老了仍然不知足的人的眼神。

因为朱高炽太仁厚了，对朱高煦一贯纵容。发展到后来，朱高煦的尾巴就翘到天上去了。他认为，朱高炽不惩治他，不是不想，而是不敢。既然皇帝都怕他，朱高煦就认为他是世界第一大。眼见朱高炽就要归西了，朱高煦马上策划第二次夺位阴谋。这次行动，朱高煦的心更黑了，下手更狠了，不惜杀害侄子朱瞻基。

在人生的最后一个月，朱高炽有一个伟大的计划，迁都回应天。为修整好应天，安排相关布置，迎接迁都，朱高炽派太子到应天处理相关工作。太子与皇帝分居两地，朱高煦夹在正中间，且离京城很近，这为朱高煦的阴谋的实施提供了可行性。

如果朱高炽死了,太子要从应天赶往京城奔丧,朱高煦决定在途中截杀太子。如果太子死了,朱高煦当皇帝的可能性就很大;如果太子不死,他就没有一丁点儿当皇帝的可能性。当上皇帝后,朱高煦随便抓一帮人,说太子就是被他们杀死的,也没有人怀疑,因为那个时代有不少拦路抢劫的强人。

朱高煦的想法有很强的可行性,但实现这个阴谋的前提条件是他比太子早知道朱高炽的死讯。如果太子先知道皇帝的死讯,已经跑到京城奔丧了,朱高煦还不知道皇帝死了,怎么截杀?想当初,朱高炽能够顺顺利利地继位,就是因为朱高煦没能在他之前先知道皇帝的死讯。

很不巧,类似的事再度重演。朱瞻基已经跑到京城继位登基了,朱高煦才知道朱高炽死了。接连遭受两个简直就是一模一样的打击,朱高煦差点儿没气死。他之所以没气死,是因为他决定起兵造反。

关于朱高煦这次截杀太子失败的事,主要原因还是他太自大了,没有做好准备工作,也没有吸取上次失败的教训。陪侍在皇帝身边的人,不是皇帝的心腹就是太子的心腹,他们都支持太子。与太子相比,朱高煦是一个冷门人物。尽管朱高煦曾经立过战功,但已经是很久以前的事了。朱高炽登基后,时代就变了,大趋势是重视文臣,轻视武将。在这样的大环境下,朱高煦的地位一天天下降,拥护他的人越来越少。

造反的代价很大,如果没有把握成功,就会连命都保不住。朱高煦几次都想造反,但没有一次成功。那么多次失败,好多人已经对他失去信心了，张辅就是其中一个。再说，朱瞻基是一个文武兼备的皇帝，不容易对付。

"朱瞻基习武，又在翰林学士的指导下学习儒家学术。虽然他也有他父亲的那种学习经籍和文学的天资，但作为一个青年，他尤其是一个杰出的武士。"（费正清《剑桥中国史·明史》）朱瞻基在军事战略上的造诣和个人勇猛上的培养都非常突出。还有，朱棣曾经带领他征讨蒙古，并多次带他北上巡游。对付这样一个受到良好教育和磨炼的青年人，年老体衰的朱高煦不是对手。没有谁会跟随一个注定要失败的人造反，如果朱高煦造反，遇上的将会是孤军奋战。

朱瞻基既有他父亲喜文好儒的性格特点，也有他祖父重视赫赫战功的思想倾向，因此他能够赢得朝中文臣和武将这两派的好感。"洪熙帝长子的登基并没有引起任何强烈的政治和政府的反应"（费正清《剑桥中国史·明史》），从这个意义上说，到了朱瞻基这一代，自明朝开国起就出现的文臣与武将的鸿沟才开始弥合。

前几任皇帝都为大明朝的事业做出了突出的贡献，到朱瞻基这一代，内忧和外患就没有那么严重了。与前几代皇帝的艰辛奋斗相比，朱瞻基开始从内忧和外患中抽出空隙，削减不必要的财务负担，关注民生。

《明史》和《明史纪事本末》都记载，朱瞻基常常微服私行，体察民情。一次，朱瞻基在路上看到农民耕种，就拿起农具耕种，可是才弄了三个来回，他就感觉到累了。他对身边的侍臣说："朕三推已不胜劳，况吾民终岁勤动乎。"（《明史》）朱瞻基对百姓生活艰辛的体悟，源自朱棣的教育。

基于对农民生活艰辛的体悟，朱瞻基在位时期，屡次下诏减免赋税，再三告诫官员不能随便干扰农民耕种。关于朱瞻基对农民生活艰辛的体悟，有一段对话常常被当作典型例子。在昌平附近，微服私行的朱瞻基见到几个农民顶着火辣辣的太阳，任凭汗水滴落，正在非常勤劳地耕地，他非常感动。

他问农民为什么顶着火辣辣的太阳辛勤耕种。农民正忙，被打断工作，心里有点儿不高兴。他对朱瞻基说，农民春天就要播种，夏天要耕耘，到秋天才能有收获。在这期间，如果稍微偷一下懒，哪怕是一天，一年的收成就没了。如果没有收成，交不起田租和上不了税不说，甚至连老婆和孩子都养不活。

这几句抢白，弄得朱瞻基非常尴尬。他想，既然春、夏、秋都忙，冬天大雪纷飞，天寒地冻，总该可以休息了。农民却说，到了冬天，日子更难过，因为官府的徭役很繁重。看着烈日下辛勤耕耘的农民，朱瞻基对他们生活的艰辛有了更深一层的体悟。

回到皇宫，朱瞻基立刻写了一封诏令，倡导节俭廉政。他发出的感叹是，农民十分辛苦，仅仅能够谋生。当官的坐在华丽的屋子里处理政事，一点儿都不累，更应该爱惜民力。

费正清则有自己的看法。"相对地说，由于没有内乱和外来的威胁，帝国得以免去不必要的财政负担，朝廷能够从永乐时期所承受的耗费恢复元气和实现自己的政治改革。这些改革包括改变政治和军事制度，重新组织财政和扩大社会救济计划。"（费正清《剑桥中国史·明史》）多次减免赋税和徭役，也在朱瞻基的改革之内。

好叔叔，你就降了侄儿吧

宣德元年（1426年），一个名叫枚青的人，骑着一匹快马，如流星一般从乐安城直奔京城而来。他一路上小心谨慎，不多说话，也不多休息，只知道吃了饭就赶路。进入京城后，他避开热闹繁华之地，找一家冷清的客栈待了下来。晚上，他又悄悄溜出去，直奔大将张辅的府上。

枚青是朱高煦的心腹，此次孤身出行，目的是替主人联合张辅造反。朱瞻基继位后，朱高煦感觉自己再也等不下去了。原因很简单，朱瞻基不仅年轻，身体还很好，朱高煦死了他都还没死。苦苦等了那么多年，等得头发都白了，牙齿都落了。眼见自己的大限就要到了，朱高煦决定放手一搏，拿自己的命与皇位赌一赌。

听了枚青替朱高煦带来的造反宣言后，张辅静静地坐着，什么也没说。突然，张辅一声令下，几个身强体健的武夫跳出来，三两下就将枚青打倒，捆在地上。张辅很识相，乖乖地将枚青交给了朱瞻基。

同朱高炽一样，朱瞻基也很有仁爱之心。尽管朱高煦预谋造反，朱瞻基还是给他一次机会，派出使者晓谕，让他好好反省一下。中央使者侯泰来到朱高煦府上，受到的却是侮辱性待遇。

史书记载，朱高煦南面而坐，还说了一通强词夺理的话。他的意思是，靖难之役他立了大功，深受朱棣喜爱。可是，朱棣听信谗言，分封他到乐安府这个鬼地方。朱高炽当上皇帝后，又封他的官，又赏他的钱，目的只为收买他。现在是不懂事的朱瞻基当皇帝，皇帝竟然敢压制他。

朱高煦不仅说，还做了很多不合常理的事。他带上侯泰去观赏他的军事演习，明目张胆地对侯泰说，仅凭参加军事演习的部队，他就可以横行天下。最后，他让侯泰转告朱瞻基，如果把煽动朱瞻基的人捆起来送给他，他愿意同朱瞻基和谈。可以看出，这里的和谈，不是一般性质的和谈，而是让朱瞻基让位给他。

朝臣听说朱高煦如此张狂，勃然大怒，纷纷奏请朱瞻基任命薛禄为帅，领军出征。这个时候，好久都没有打仗的张辅再也忍不住了，他保证，只带两万兵马，一定成功清剿朱高煦。由于张辅的父亲张玉和朱高煦的关系极好，张辅又是朱高煦的好战友，杨荣担心张辅临阵倒戈，不放心张辅领军出征。想当初，杨荣、金幼孜和马云之所以深夜密谋，主要原因就是不相信张辅。

以杨荣为首的文官集团认为，朱瞻基亲征最好，能够树立声威。武将们反对，他们的理由是，朱高煦老谋深算，如果朱瞻基在战场上有什么三长两短，国家就会大乱。双方各执一词，越争越乱。到了最后，朱瞻基终于答应亲征，因为他害怕历史重演。想当初，朱允炆派遣名将之子李景隆征讨朱棣，结果大败而回，最后连朱允炆的皇位都丢了。如果朱瞻基派遣名将之子张辅征讨他叔叔朱高煦，万一历史重演怎么办？

宣德元年（1426年）八月，朱瞻基亲征朱高煦，行军十天就到达朱高煦的家门口乐安城。朱高煦的消息很不准确，见到朱瞻基之前，他一直认为征讨主帅是薛禄。看到中央军被皇帝亲征鼓舞得斗志昂扬后，朱高煦就胆怯了，连发布命令的声音都是颤抖的。首领胆小如鼠，兵将们见了之后，连抵抗中央军的勇气都没了。

见敌军毫无斗志，只是惧于朱高煦的淫威才不得不守城，朱瞻基也不想多造杀孽。中央军调动神机营，出动火铳队和弓箭队，一排排的子弹和飞箭纷纷射向守城军士，威慑力非常大。攻势太猛了，守城军士被吓得魂都没了，纷纷逃离岗位。

紧接着，朱瞻基开始打心理战。他命弓箭手将敕令射入乐安城，告诉敌军，此次征讨的目的只在惩罚朱高煦，其他人员如果及时醒悟，弃暗投明，中央军不会追究。另外，朱瞻基还特别强调，如果生擒或者斩杀朱高煦，中央军会重重赏赐。本就毫无斗志的叛军读到这个敕令后，不仅毫无斗志，甚至想造朱高煦的反。尤其是朱高煦的近卫兵，时时都伸手捏着他们的刀，恨不能一刀砍了朱高煦。

眼见军队就要发生叛变，朱高煦不知怎么想的，突然派人出城告诉朱瞻基，他愿意投降。条件是给他一个晚上的时间，他要向他的妻子儿女告别。能够和平解决问题最好，朱瞻基答应给朱高煦一个晚上。

第二天，太阳还没升起，朱高煦就想打开城门投降。突然，叛军大将王斌一把拉住朱高煦，告诉他，作为军人，战死光荣，投降耻辱。朱高煦突然豪气大作，表示宁可战死，绝不投降。

召集起叛军，朱高煦往高处一站，发表了一通惊天地、泣鬼神的誓与乐安城生死共存的豪言壮语。本来毫无斗志，甚至想杀了朱高煦去领赏的士兵们听了这一番演说后，也激情澎湃，势如怒潮。

两军对峙，就要喊打的时候，叛军突然发现，朱高煦不见了。主将不见，叛军很惊慌，四处找寻。找来找去，整个乐安城都翻遍了，就差没掘地三尺，还是没见朱高煦。叛军将领死都想不到，发表完演说后，朱高煦不知怎么想的，偷偷溜出乐安城，向中央军投降去了。

在造反这出闹剧里，朱高煦连主角都不是，压根儿是一个逗人发笑的丑角。还在行军途中，朱瞻基就算定了，朱高煦一定会死守乐安城，等中央军攻打。关键问题是，朱高煦只有那么一点点人马，怎么对抗朝廷的几十万大军？朱高煦不仅坐以待毙，甚至打都没打就投降了，真是一个十足的小丑。与他的老父亲朱棣相比，朱高煦简直一无是处。

按照惯例，为了体现皇帝的权威，朱高煦投降后，中央要派一个口才非常好的人大骂他一顿。朱瞻基是一个很懂文艺的青年，也有修养。"宣德帝是文人和艺术的庇护人，他的统治的特点是其政治和文化方面的成就。"（费正清《剑桥中国史·明史》）他就将这个看似简单、实际对接到任务的人而言是一个严峻的考验的任务交给一个名叫于谦的人。

有皇帝撑腰，于谦视昔日位高权重的朱高煦亲王如无物。他口若悬河，滔滔不绝；语似寒风，吹得朱高煦瑟瑟发抖。史料记载，于谦骂得有条有理，逻辑性又强，嗓门又洪亮。朱高煦经受不住摧残，耷拉着的头越垂越低，最后直接趴在地上，不停地发抖。

骂人工作都干得这么出色，可以说是千古一绝，朱瞻基很赏识于谦，升他为巡按，派遣他到江西工作。朱瞻基是体恤农民的人，他先派遣于谦到江西锻炼，就是希望于谦做一个好官。后来的事实证明，于谦不仅是一个人才，还是一个好官。

被大骂一通后，朱高煦就在西安门的牢房里过起安安稳稳的生活。虽然有点儿不自由，但总比被杀头好。朱瞻基像他父亲一样厚道，没采纳大臣们杀朱高煦以儆效尤的建议。朱瞻基是这么想的，无论如何，血浓于水，只要朱高煦不再犯事，过去的一切都可以原谅。

闲着没事干的一天，朱瞻基想念叔叔，就到西安门去看望。两人见面后，不知道朱高煦突然犯什么毛病，猝然玩一个勾脚，把朱瞻基重重地摔了一下。皇帝被暗算，还摔倒了，多丢人。为了给朱高煦一个小小的惩罚，也算是警告，朱瞻基命人找来一口三百余斤重的大铜缸，将朱高煦罩住。

也许朱高煦觉得大牢里的生活太无聊了，不弄出一点儿好笑的事来不行。被大铜缸盖住后，他竟然使出全身力气，将缸给撑起来了。不仅如此，撑着铜缸的朱高煦很有精神，东撞撞，西撞撞，最后甚至转起圈圈来了。

看着朱高煦撑起大缸东倒西歪、撞来撞去，朱瞻基都有点儿想笑。等到朱高煦越转越起劲,越转越精神,甚至转出一个个大大小小的圈儿后,朱瞻基再也忍受不住。他命人抱来干柴,外加一大堆煤炭压在铜缸顶。一个小小的星火,朱高煦的一生就此结束。

如果朱高煦不挑战皇帝的权威,他不会死得那么早。可惜,他不仅喜欢挑战权威,还喜欢在权威面前扮演小丑。他的造反,只是一出历史闹剧。除了逗人发笑和引人深思外,毫无用处。

蛐蛐是我的最爱

朱瞻基是一个非常全面的人，他不仅能文能武，甚至还保留着少年儿童的癖好，例如闲着没事就翻翻皇宫大院的石块，看看有没有蟋蟀。如果有，他就捉来一两只放在一个小盒子里，让这两只蟋蟀打架。看着两只斗得你死我活的蟋蟀，朱瞻基的脸上洋溢着孩童的笑容。他的这种爱越来越深，久而久之，朱瞻基越陷越深，可以说是没有蟋蟀，他就活得不自在。

作为一个正常的人，平常有点儿娱乐活动，没什么大不了。问题的关键是，朝中好多拍马奉承的人，见皇帝喜爱蟋蟀，就投其所好，从民间搜集无数特异的蟋蟀，进贡给皇帝。这个任务，上层摊派给下层，最终遭殃的还是老百姓。朱瞻基爱民如子，不允许朝廷官员随便给百姓摊派任务。可是，他死都没想到，因为他的一个小小的娱乐活动，竟然增加了天下无数百姓的负担。

进贡的蟋蟀越来越多，朱瞻基一个人是玩不过来的。这个时候，那些逗皇帝玩的太监再次担任了陪皇帝玩的任务。在皇宫大院,随时都可以看到太监们三三两两聚在一起斗蟋蟀。决出团体第一勇猛的蟋蟀后,等到皇帝有空了,太监们就和皇帝斗蟋蟀。都说玩物丧志,如此一来,即使朱瞻基没有丧志,他花费在斗蟋蟀上的时间也会很多。

士大夫们深受儒家文化影响,他们心目中的明君应该是勤政爱民的,是像朱高炽一样爱民如子的好皇帝。朱瞻基玩蟋蟀玩得过头了,有时甚至上朝迟到,有时忘了及时批阅朝臣的奏章,士大夫们非常不喜欢。经过明朝前几任君王的培养,到朱瞻基的时代,士大夫以师生关系为纽带,已经发展成一个非常团结的集团,人称文官集团,这个集团敢直接批评皇帝。

想当初,朱高炽因为修了几间宫殿,多纳了几个侍妾和接连几天没上朝,士大夫的代表人物李时勉马上写了一道话语讽刺、词锋逼人的奏章,骂得朱高炽既不能反驳,也抬不起头来。事后,每当遇到他人,李时勉就以此事自夸。李时勉敢如此张狂,因为他代表覆盖面很广、力量很大的掌握"票拟"权力的文官集团。

明朝有一个特点,一道奏章的顺利执行需要通过两道关键程序,一道是"票拟",另一道是"批红"。"票拟"的主要任务是起草奏章,这由文官集团负责。"批红"就是审阅奏章,决定是否通过,权力在皇帝手里。天下所有的奏章,都要经过皇帝的"批红"。可是,天下的奏章太多了,光是"批红"都很累人。皇帝爱上斗蟋蟀后,"批红"工作越来越马虎,有时看都不看,直接就批了。

皇帝玩蟋蟀丧志，荒废工作，士大夫们不仅上书劝说，还戏称他为蛐蛐皇帝。为遮掩自己的过失，朱瞻基想到了一个很好的办法，请人代批奏章。皇帝能够接触的人不过四类，第一类是士大夫，第二类是武将，第三类是后宫嫔妃，第四类是太监。士大夫坚守理想，绝对不会越权替皇帝批阅奏章。第二类人和第三类人大多不懂政府法令，不会批阅奏章。第四类人经常陪在皇帝身边，耳濡目染，多少还是知道一点儿的。

选定太监为代理批阅奏章的人选后，朱瞻基就开始了埋葬大明王朝的工作，教太监读书。宣德元年（1426年），朱瞻基下诏，设置"内书堂"供太监读书。这是一件小事，但不少史学家认为，正因为朱瞻基的这个举动，为大明王朝埋下了覆灭的祸根。"由于提供了正规教育和使用他们处理公文，他无意地为他们滥用权力开辟了道路。"（费正清《剑桥中国史·明史》）这里的"他"指朱瞻基，"他们"则指太监们。

经过朱棣的大力培养，太监掌握了以朝廷暴力为后盾集监视、抓捕和司法于一身的东厂，权势已经很大了。朱瞻基再教太监读书，甚至让他们批阅奏章，分明是将天下的另一半权力也交给太监。如此一来，太监既有"武"的权力，也有"文"的权力，真是权势熏天。

那时的明朝，为了争当太监，人们抢疯了。有的人没被朝廷看上，竟然回到家里私下将自己给阉了。有的人更不幸，尽管有了太监的身体，朝廷还是不需要他，因为有好多好多比他好的、想当太监的人。那些私下自我阉割最终却没被朝廷收留的人，跑到社会上，将一腔恨意胡乱发泄，整个社会很不安定。

发展到后来，为了维护社会稳定，朝廷不得不颁发一项特殊法令，禁止自我阉割。由此可见，想当太监的人，真的非常多。明朝的宦官机构是一个非常庞杂的机构，一共有二十四个衙门，每个衙门里有十二个监、四个司和八个局。都说明朝有十万个太监，这话不是虚话。

太监机构的正规职能是处理宫中大小事务，但东厂和"内书堂"正一步步地扩大太监的权力。受过"内书堂"教育的人，出来后就可以替朱瞻基处理部分政务。朱瞻基自从爱上斗蛐蛐后，甚至将"批红"的权力全部转交给从"内书堂"出来的太监。如此一来，凡是太监所不喜欢的奏章，都给批驳回去。

奏章批下来，士大夫们越看越奇怪，最后才发现批阅奏章的不是皇帝本人。也有士大夫上书奏请皇帝禁止太监干政，可是"批红"权掌握在太监手里，皇帝连奏章都没看到，也就没想到限制太监干政。发展到后来，太监阻碍了士大夫与皇帝的沟通。皇帝看不到士大夫的奏章，不知道天下究竟发生了什么事。放弃"批红"权力的皇帝，全被太监蒙在鼓里。

在朱瞻基时代，太监"批红"的弊端还没有暴露，因为朱瞻基的能力很强。他利用宦官的行动很适当，能够保证宦官的忠诚和保密。

"宣德年间宦官的崛起是以前行政发展的结果。三杨因未能警告皇帝不要以他那种方式使用宦官而受到现代历史学家的批评，但是宦官篡夺皇帝权力的能力归根结蒂取决于皇帝本人的脾性。就宣德帝而言，这位君主似乎能够控制他们。他不但屡次下令减少宦官的采购和诸如伐木和造船等宦官的指导活动，而且他处决和严惩了那些犯有重罪的宦官。"（费正清《剑桥中国史·明史》）对明朝这样一个中央集权的朝廷而言，费正清的论述很到位。

构建稳定社会

宣德元年（1426年），在京城义勇卫军内发生了一起特大冤案，妻子偷情，丈夫判刑。此案轰动京城内外，在军队中产生了极大的反响。因执法机构不秉公办事，不调查研究，只凭一方口供就将枉杀好人，人们纷纷上奏朝廷。朱瞻基闻讯，专门过问此事，避免了一场冤案的发生。

北京城义勇卫军中，有一个长年离家服兵役的军士叫阎群儿。家里有一位年轻美貌的妻子，和父母在一起生活。由于妻子年轻，丈夫又长久不在家中，妻子甚是寂寞。恰巧这时，同乡有一位男子，看到她长得美丽动人，家中又时常无人，便心生邪念，经常借故与她接近，关心、体贴、照顾她。她十分感激这个男子，并渐渐地喜欢上了他。最终两人都无法自持，姘居在一起。阎妻最初也感到对不起在外的丈夫，但后来，不但不知廉耻，反而更加放肆，并且同时与三四个男人勾搭在一起。她这种放荡行为，很快就在乡村中传开了。

同乡告诉了阎群儿此事。阎群儿怒火上升，决定亲手杀死这个淫妇。阎群儿回到家中，立即对妻子实行拷打，发誓要杀死她。后来，阎妻跑掉了。因为她知道自己的这种行为，丈夫是决不会宽恕的，索性就来了个恶人先告状，写了封诬告信，说丈夫与九个同乡抢了校尉陈贵的家。

阎妻贿赂了刑部衙门的主管，主管并没有调查此事，就将其交御史审核。御史也是敷衍了事，将阎群儿等人全部判处斩首，理由便是抢劫校尉的家，阴谋造反。阎群儿等人受审被判死刑，十分气愤，上诉至都察院，声明他们是被阎妻诬告的。同时，义勇卫军的将士们也上奏朝廷，证明阎群儿等人是清白的，并指责刑部衙门、御史冤枉好人，接受贿赂轻率判死刑。他们申述说："为国家，我们终年在外效劳，妻子应固守妇道，不应在外放荡，事情败露后，诬陷丈夫，将丈夫置于死地。而朝廷衙门却对此不管，偏听谗言，枉杀好人，情理难容呀！"最后恳请宣宗皇帝明察。

宣宗得到这道奏章后，立即责令都察院认真审核此案，不能枉杀好人。都察院接到谕旨后，立即派人对此案始末进行详细调查，最后查明，阎群儿等人并没有抢劫校尉陈贵的家，阎妻所言纯属诬告；又查明阎妻确实与他人有放荡行为。最后，阎群儿等人被无罪释放，而阎妻因诬陷丈夫，受到了应有的惩罚。

由于朱瞻基直接参与审理了此案，这个案子才得到了公正的判决，避免了一场错杀好人的冤案。此案发生之后，宣宗对左都御史刘观说："历史上隋炀帝命令于士澄治理、追查盗贼。于是，他们在一天之内处斩二十余人，其中在盗发当天，有六七十人被送到监狱，许多人因刑法严酷，实在忍受不了，便违心招了，主管官员明知他们无罪，却不想复查，因此将好多人错杀。如果今日，他们不上诉申冤，就会被冤枉而死，你们便是第二个于士澄。今后应当告诫各道御史官员，对于案件，一定要调查，根据真实情况处理，不要错杀，不要出现冤案。此案倘若已经错判错决，朕一定不会宽恕你们的。"刘观奉宣宗谕旨，责令下属官员，对案件一定反复核实，公正判决，勿杀好人。

宣德初年，还有一件稀罕事，惊动了朝廷。

在京城的锦衣卫总旗里，有个叫卫整的人，在他家发生了一件不幸的事。卫家的女主人卫氏夫人，得了无法医治的怪病。请来京城内大大小小的名医，都无法根治，这可急坏了家里人。老夫人的病情一天天恶化，一家人天天以泪洗面，无计可施。自从母亲患病后，卫氏那个孝顺的女儿便天天为母亲请医生、买药、煎药、找秘方，终日陪伴在母亲身边，服侍母亲。为了寻找人间的秘方，她不辞劳苦，遍访民间名医，终于得知活人的肝可以治疗绝症。

卫家这个孝顺的女儿，听说这个秘方能救活母亲，如获至宝。可在哪儿才能弄到活人的肝呢？卫家女子想了一阵子，决心剖腹割自己的肝来为母亲治病。为了救治母亲，她来到诊所，请大夫剖腹割肝。大夫一听吓了一跳，卫家女子费尽口舌，大夫死也不肯帮忙。最终，她竟以死相逼，大夫被她的孝心感动，同意给她剖腹取肝。大夫经过一番精心准备，终于在姑娘没受伤的情况下，将肝割了下来。姑娘拿着自己的肝回到家里，将它煮成汤，让母亲喝了下去。自从喝下了那碗肝汤，奇迹便出现了，母亲的病痊愈了。

母亲的病好了，乐坏了家里所有的人。当大家知道她剖腹取肝时，所有的人都震惊了。这件事很快在京城中传播开来，小女子的孝心感动了所有人。于是，对小女子这种孝敬行为，有人向朝廷推荐，认为应予以立旌表表彰。

礼部将此事向宣宗皇帝做了汇报，宣宗得知事情的经过后，批示说："孝，应该是一种行为规范，应是有限度的。孔子说：'身体是父母给予的，不应当轻易毁掉，乃至伤害。'小女子虽为母亲剖腹取肝，但这并不代表就是孝。万一此事而导致身亡，那罪过岂不是更大，何况，在太祖时，就已有禁令，不允许自杀。如今如果给这女子加以表彰，就会有更多的人来效仿她，那岂不是破坏风俗了吗？这种行为不应当提倡。女子年轻无知，凭着一片孝心，做了一件愚蠢的事情。结果，母亲被救治了，是可以将罪免了的。"

这件事的确很感人。这位卫姑娘为救母亲，割取自己的肝作为药引，终于救活了母亲。这件事真假难以确定，但在封建社会，是提倡孝道的，历代皇帝也常常将孝放在第一位。卫姑娘的舍生精神，达到了孝的最高境界，照理说，应该受到表彰和提倡。但宣宗与其他人不同，他有个人的见解，认为身体是父母所给，不应轻易毁坏，因而对这件事给予否定。从一定意义上来说，这是为了避免愚蠢者仿效，应提倡正当的孝心才对，在这一点上，宣宗很有可取之处。

老师，我这是大义灭亲

明宣宗在位期间，为了明朝社会的稳定和发展，采取了一系列利国利民的措施。其中一方面，就是革除积弊，积极纳谏，这是很值得称赞的。但是，任何人都有两面性，明宣宗也是一样。他一方面让臣民进谏，但另一方面，也对违背自己意愿的臣子，给予打击、报复。例如对旧朝元老戴纶、林长懋的处分，就是最具有说服力的。

戴纶是高密人，永乐朝中期，提升为礼科给事中。林长懋是莆田人，曾任青州教授，后被提升为编修。二人知识渊博，性格相似，为人正直，很受成祖的喜欢和赏识。朱瞻基出生后，深得祖父的宠爱，并为他挑选老师，讲习经书。于是，戴纶和林长懋被选中，专给皇太孙讲书。二人承皇帝之命，身上背负了教育皇太孙的责任，不敢有半点马虎。他们对皇太孙要求严格，讲习经书，也很认真。宣宗对这二位老师十分厌烦，尤其是对终日关在屋子里苦读经书的生活感到厌倦，喜欢到外面去玩，学习骑马射箭。于是，师徒之间经常产生一些摩擦和不快。

朱瞻基渐渐长大了，祖父成祖开始让他学习武事，这正符合他的心意。祖父的命令，就是他的"通行证"，他对经书的学习更荒废了，对于外出练箭，他学习得十分出色。戴纶、林长懋二人看在眼里，心急如焚。二人出于负责，便向成祖上奏，认为皇太孙正当少年，不宜荒废了学业，而专事游玩。此后，又常进谏，讲明皇太孙学习文化的重要性。

有一天，朱瞻基在祖父身边服侍他，祖父问他："宫中大臣谁最称职？"宣宗回答是戴纶。于是，祖父拿出戴纶上的奏折给他看，宣宗一看讲的是自己，便在心里暗暗地怨恨老师戴纶了。可见，他在青少年时候，心胸就比较狭窄，将老师的责任心弃之不理，反而与老师结怨，以致发展到后来的报复。

仁宗即位后，戴纶和林长懋因为为太子讲书认真负责，均受到提拔。戴纶被晋升为洗马，仍然为太子讲读经书。林长懋晋升为中允。

宣宗即位后，为了巩固自己的统治，将东宫的旧官，分别升了职。例如，左庶子陈山晋升为户部侍郎，中允徐永达提升为鸿胪寺卿，洗马张英为礼部侍郎，王升为翰林侍讲。戴、林二人在这次"加恩"之中，也被提拔，戴被提升为兵部侍郎，南京的中允林长懋被派出京城到郁林担任知州。这对于林长懋的确是有些大材小用，不太公平。

宣宗虽然嘴里告诉臣下不要有隐讳，应直言上疏，但实际情况却不是这样。当听到有人斥责自己的过失、揭自己的短处时，心里就不舒服，并寻找借口给予惩处，这就是开明皇帝阴暗的一面。戴纶升为兵部侍郎后，并没有改变秉公直言的性格，他指出，身为一国之君，皇上始终热爱打猎，将政事弃之不顾，这是有害于江山社稷的。宣宗对戴纶的进谏，非常恼怒。本来，他就为他还是皇太孙时发生的事耿耿于怀，这次上疏更是违背他的旨意，他恼羞成怒，便下令让戴纶为参赞交趾军务，算是报了参奏之恨。

戴纶、林长懋两人后来又触犯了皇上，而后被发配。到边疆不久，不知他们到底犯了什么错，又被逮回京城，投入狱中。

有一天，宣宗上朝亲自审问戴纶与林长懋。戴纶将皇上的尊严弃之不顾，据理力争，无所畏惧，这更加触犯了宣宗。宣宗大怒，立即下令将戴纶处死，籍没其家产。林长懋被关入大狱长达十年之久。河南知府戴贤，因太仆寺卿戴希文是他的叔叔，也因他们而受牵连，被打入大狱。戴纶被杀、林长懋被押事件，暴露了封建君主的本性，是宣宗即位以来，在朝政处理上最不光彩的一笔。

大家都有机会中状元

科举取士,这种制度虽然存在着许多弊端,却是封建社会选拔人才的主要途径。由于这些弊端,科举制不仅不利于人才的培养与选拔,而且,对当时吏治影响极大。朱瞻基即位后,为了提高官员的质量,改革了科举取士法,通过人保人的方法来实现,这就是定会试,实行南北取士。

对于科举取士的缺点,仁宗在位时,就早已与大臣们商讨改革的方案了。仁宗认为:"北方人的学问远远不如南方人。"杨士奇提出异议说:"科举取士,应大家一齐考,录取南北两方的进士。北方有许多能成大器之人,而南方许多人虽都有才华,但很浮躁,不能成大器。"不仅仅是南北方文化水平有差异,整个社会经济发展也不平衡。自魏晋以后,南方社会经济发展迅速,人的文化素质随之提高,而北方几经战乱,社会经济发展较慢,整体文化水平较低。因此,在每次科举考试中,南方人普遍考得不错,这样使得北方一些有识之士被排挤在外,纵然有好的建议,也没有表达的机会,关心国事的积极性减弱了。

科举取士制度如想改革，应采取什么办法呢？明仁宗向杨士奇问询，杨士奇建议，试卷上都要写姓名，在姓名外写上"南""北"二字，加以区别。这样，人才平均，也可以实现地域的平衡。仁宗认为这个想法确实不错，但在命令做进一步商议后不久，仁宗却去世了，这项改革没能实施。

朱瞻基即位后，于洪熙元年（1425年）九月下诏令：会试分南北卷，并按照仁宗时改革方案加以施行，规定了名额。后来，又规定会试分为南、北、中卷。北卷包括山东、北直隶、山西、河南、陕西；中卷则有广西、四川、贵州、云南及庐州、凤阳二府，还有徐、滁、和三州；其余的则皆属南卷。宣宗实行的这项改革，使北方有识之士倍感兴奋，积极投身于科举之中，有许多人被录取到各府、州、县以及朝廷中任职，明王朝封建统治阶级基础由此巩固。这项改革比较符合各地士人的要求，调动了他们的积极性。与此同时，也对监生和府、县的生员实行精简。通过考试，将那些混吃的人员发充为吏或罢为平民。通过科举取士的改革，宣宗在明朝历史上起了积极的推动作用。

洪熙元年（1425年）九月，也就是宣宗即位后将仁宗安葬的同月，任命张瑛为礼部侍郎，陈山被擢升为户部侍郎，戴纶为兵部侍郎，徐永达为鸿胪寺卿，王让、蔺从善为翰林侍讲。这些因为朱瞻基即位而得到晋升的人，都是朱瞻基被立太子时的东宫旧僚。另一名太子中允林长懋被任命为郁林知州。

历朝的惯例就是随太子即位，随从的官僚便也升任，但是令人不解的是,这些得到升迁的东宫旧僚,后来就悄无声息了,甚至在史册中都难寻其迹,戴纶和林长懋则是因得罪了皇帝而被处罚,才得以记入《明史》之中。

宣宗在位时,曾多次颁布谕旨,告诫大臣人才的重要性,人才直接关系着国家的兴亡,一定要谨慎地选人。宣德元年(1426年),宣宗告谕吏部尚书蹇义说:"作为掌管选举考察官员的部门,你们身负为国家举荐栋梁之材的任务。官员的才能对国家治乱,有着极其重要的作用。"

宣宗对国家科举取士中的弊端及士风的衰败,给予了强烈的批评,并提到应重视人才的选拔及任用。宣德二年(1427年),他召见翰林院的大臣,对他们说道:"国家选士,应选拔真正的人才,将重任托付于他。在乡试时,对于言行与技能先要有一定的鉴定,乡试合格后,才能再复查,看是否有才能成为一个好的官员,然后才决定是否将重任托付于他。被选拔出来的一定要是称职的,科举考试,不应只考文字能力,也应对其人品、辨别能力一一考察,所以说,想得到真正的人才,实在不容易。"

宣宗又指出:"朝廷是士风好坏的向导,如果士风淳厚、淳朴,那么这个朝廷一定崇尚务实;反之,如果士风轻浮虚夸,那么朝廷就一定浮华。有成就、有才华的人会使士风淳朴实在,朝廷只有选拔任用这样的人,才可以形成以崇尚实学为目的的好风气。"

贤才的选举,与黜退庸才是息息相关的。宣宗一方面选贤才,另一方面罢庸才。宣德三年(1428年),吏部尚书蹇义向宣宗奏报,要削职为民的官员有两百多,这些官员庸俗、浅薄,有好多人对自己的职责都不熟悉。宣宗看罢吏部移交上来的奏文，批示道："是否贤才，事关重大，不应轻易做出判断，如果确实无用，就应淘汰。"并告诫他们说："如今朝廷内外传言，古人戒用吏员。吏员们鱼肉百姓，摧残百姓，使百姓无安宁日子可过。因此，今后你们在任用吏员方面，一定要谨慎选拔，切莫掉以轻心。"

后来有一个时期，官员空缺，其原因是元老的退离。当时荐授的官员主要为各部副都御史、侍郎、大理寺少卿等，也包括一些外省官员。

宣德三年（1428年）以后，所提拔的资历浅的官员更多。宣宗经常指出官吏选拔存在的弊病，要吏部及时采取措施，予以革除。他说："我作为天下人民的父母，身系着天下万民的安危，由于政事繁多，我应选拔有贤才的人与我共理。而我也应以得到贤才为目的，以天下太平为目的，君臣共同合作，共同治理天下。"他指出选择官吏中存在的弊端：第一，以前各部门官员有定额，各尽其职；如今官员增多，人浮于事，故应裁掉这些苟且偷安不理政事之人。第二，在以前，授官都是经过严格挑选的，所以吏员为官很少；而近来，每年可达一千多人，不分贤与才，一律应用，使许多贪赃枉法之徒，祸害人民，所以务必要裁治污吏。第三，许多选拔上来的官吏，不是靠亲戚关系，就是靠行贿荐举等，都不是靠真才实学、公平竞争选拔上来的，这些人都不称职，不能不严加核实。第四，在官吏的考核中，徇私情的情况也是存在的。真正有才能的人得不到提拔，而资格老、贪污腐化、软弱无能的人，却得以提拔。这样，不会有公平可言。依仗权贵、亲戚的关系，而获得较好的职位，长期下去，吏治将会更加腐败，这将危害国家和百姓。只有将此弊端革除，真正的人才才可以得到提拔。

宣德五年（1430年），胡濙、蹇义、杨士奇等元老们先后推荐了况钟等九位知府，又荐举了周忱、于谦等六位巡抚。这样，从朝中到外省县，官员队伍在替换中产生了新的骨干，使人感到人才济济的局面来临了。

宣宗在选用官员时依靠蹇义、夏原吉、"三杨"等元老推荐，说明他是慎重的；但他又不听元老的安排，坚持选任郭琎，不顾杨士奇等人的反对，将此人升为吏部尚书，这一点反映出他在用人上的开拓精神。

与宣宗有直接关系的便是宣德年间的吏部，明朝人对此十分赞许。

宣宗最不能容忍的就是荐举官员时态度草率。御史谢瑶在荐贤时将所荐之人姓名写错，宣宗说道："你推荐的人，连姓名都写错，你又怎么会知道他的才能，如此轻率岂能称御史？"遂将其谪为知县。

这种认真的态度无疑为官员们敲了一次警钟，诞生了一个人才济济的宣德治世。

建立内阁制也是宣宗在政治上采取的一项重大举措。朱元璋废除丞相，由各部、府、院、寺分掌国家权力，由此皇权稳定了。所设大学士，实为皇帝的秘书、顾问。永乐时，又加大了户、吏、兵三部的权力，大学士为顾问不变。所谓内阁是将六部长官吸收为内阁大学士，承担军政大任，受皇上指派。因此，在宣宗时期，中央集权得到了进一步的完善。

周忱的改革有力度

明宣宗即位后,面对"赋税过重,江南尤甚"的局面,下令派广西布政使周干巡视苏松等地。在向宣宗递交的调查报告里,周干指出:"在江苏等地,人们流离失所,向老人询问才得知是人们贫困导致的。因为赋税太高,百姓苦不堪言,上交赋税之后自家一无所有,便会挨饿受苦,想逃都不知逃向何地。"明宣宗深受触动,为确保朝廷财政收入,巩固国家赋役基础,宣德四年(1429年)下诏对官田改科减征,"官用粮,一斗至四斗减两成,四斗至一石,减三成,以下往后推算不等。"并于宣德五年(1430年)派"才力重臣"周忱到江南督理税赋。宣德七年再次下令:"自宣德七年始,将官田税赋再减。"

周忱(1381—1453年),子恂如,江西吉水人,永乐二年(1404年)进士,任过二十年刑部郎官。户部尚书夏原吉十分赏识他,宣德五年(1430年),由大学士杨荣推荐,以工部右侍郎巡视江南。周忱上任伊始,便"召父老问逋税故","深入民间与父老乡亲交谈接触，询问民间的疾苦"。他在调查研究的基础上，以苏松两府为前沿，以贯彻宣宗减轻官田科则诏谕，逐步在江南地区实施自己的改革措施。

周忱克服粮长制的弊端，改良田赋漕运方式，逐渐形成完善各种规章制度（税粮征收、贮藏、运输中的各种规章制度）。粮长制的改革主要包括：第一，针对田赋征收过程中粮长私造大样斗斛掊克百姓的状况，周忱"请敕工部颁铁斛下诸县准式，革粮长之大入小出者"。第二，简化粮长领、缴勘合手续。"旧例，粮长正副三人，以七月赴南京户部领勘合，既毕，复赍送部，往返资费皆科敛充之。（周）忱制止设正副各一人，循环赴领，讫事，有司类收上之，部、民大大方便了"。第三，鉴于各县收粮无屯局，粮长即家贮之，周忱设立水次仓制度，"令诸县于水次置屯，屯设粮头、屯户各一人，名辖收。至六七万石以上始立粮长一人管理，名总收。民持帖赴屯，官为监纳，粮长但奉期会而已"。第四，严格税粮运输管理，设"拨运文簿"登记支拨起运的数目，设"纲运文簿"列出运输的开销数目，以用于核查、禁止运输途中粮长自盗或挥霍行为的发生。税粮漕运方式的改革主要是用这样的运输方式代替原来农民各自运输的方式，即由民船运至淮安或瓜州交兑官军、由官军接运至通州的兑运，百姓适当地承担官军运输中的损耗：运到淮安，交兑者按每石正粮加耗米五斗于民运，到瓜州，交兑者以每石加耗五斗五升于民运。粮长制的改革使官仓能最大限度地收入百姓所纳税粮，保证了国家税收的完整。漕运方式的改变减轻了纳税人的负担，有利于生产的恢复和发展。

济农仓的设立，使周忱建构出地方政府可以自主支配的地方基金体系。由于得到了明宣宗和英宗的信任，"委任益专"，允许其方便行事，致使周忱手中的自主权加大，最大限度地施展自己的才干。宣德七年（1432年），江南丰稔，"诏令诸县以官钞平籴备振贷，苏州遂得米二十九万石"。同年，周忱在江南实施京俸就支法，即以苏、松、常三府支领代替原在南京支俸的北京军官。原先苏松百姓转输南京每石正粮所加六斗耗米除一斗用于支付船价外，其余五斗即可节余，民出甚少而官俸常足。在此基础上设立的济农仓，使地方政府在不增加对百姓赋役征敛的基础上，既能保证封建朝廷的赋税收入，又能弥补地方公务、救济、公益事业等费用及里甲支费的不足，使官民双方互利。济农仓的设立为田赋改革的发展铺平了道路。

加耗均征即平米的推广实施是周忱改革成功的一个重要支柱，它以宣德八年（1433年），周忱奏行《加耗折征例》为标志。户无论大小，田无论官民，"每正粮，收平米一石七斗，候起运日酌量支拨，次年余多，则令加六征收，又次年益多，则令加五为止"。但也有论田加耗，"于轻额民田，每亩加耗一斗有奇，以通融官田之亏欠"。平米法的推行，使"豪户不肯加耗"的历史与税粮负担时重时轻的局面结束了。耗米的均征，尽管在一定程度上百姓的税粮负担加重了，但是也保证了国家的田赋收入，地方官员的公务性支出也绰绰有余，这样对百姓的额外勒索被大大减轻，故百姓非常情愿地予以接受。

周忱改革真正触及官田科则的措施是到正统以后的田赋折征。

宣德中，周忱曾经奏准检重额官田、极贫下户税粮，准折纳征银，每两当米四石，解京充俸。这是田赋折征的前奏，规模也不大。正统以后，伴随商品货币经济的发展，金花银征收面积日益拓展，使周忱的改革以田赋折纳的方式向减轻官田重赋的目标迈出实质性的一步。他奏准的内容是，允许苏松等府的部分税粮可以纳金花银和布匹折税，金花银一两折合应纳米四石，锦布一匹准折税米一石。令每亩税课"七斗至四斗则纳金花银、官布、轻赍折色；二斗、一斗则纳白粮糙米、重等本色"。因为只有官田每亩税额在四斗以上，虽然因赋折征往往低于市场米麦价格，但是通常，与折纳数额的减少或缴纳上供杂派的减少相联系，而且还能使田赋运输之痛苦大大减轻，所以耕种官田的农民的负担大为减轻。田赋征收方式的改变，使官、民田税户负担逐渐达到平均并向前推进了一步，金花银逐渐成为调节平衡官民田土赋税负担的重要手段。另外，周忱还改变马草征收方法。明初马草依田粮派征，马草由江南地区运至两京，沿途过江涉海，十分艰难，劳费不赀，致使当地百姓负担沉重。周忱奏请输往北京的马草每束折钱三分征收，输南京的则就地买草，大大减轻了税户负担。

所谓改革其实是一个扬弃过程，它必须面对诸方面的压力。宣德六年（1431年），周忱奏请皇帝要求将松江府古额官家的田地，按照百姓田地起科，户部尚书胡濙以"变乱成法，沽名要誉"为理由，请求对周忱予以惩办。正统七年（1442年）奸豪尹宗礼遇到困难，指责周忱不应多征耗米。正统九年户科给事中李素以"不遵成规，妄意变更，专擅征科，掊多益寡"为借口弹劾周忱，在此情况下，周忱被迫停止实施平米法和济农仓制度。但是由于"两税复逋，民无所赖，咸称不便"，明政府不得不惩办攻击者并"举行前法如故"。这种情形之下，周忱不得不小心翼翼谨慎行事，尽管如此，改革仍然步履蹒跚、阻力重重。济农仓的设立，虽然扩大了地方政府的财政自主权，但这与大一统的专制集权水火不容。平米法的推广，抑制了豪绅地主拒不纳耗的法外特权，触及了地主势力的切身利益。土木之变以后，明景帝即位，由于他对前朝重臣的猜忌，周忱在政治上失去了靠山。景泰元年（1450年），溧阳县豪民彭守学发动攻讦，指责周忱多征耗米，"假公花销，任其所为，不可胜计"。户部奏准监察御史李鉴等人前去稽查，并追还多收耗米。五月，礼科给事中金达借此机会，上书弹劾周忱。在上下夹击和重重压力之下，周忱被迫辞官。

周忱下台之后，改革依然在进行。这是由当时的历史条件决定的。明中叶之后，地方上不交赋税的情况很严重，人口大量逃亡，国家财政日趋紧张，这样一来，明政府被迫改革赋税制度。周忱的改革正是为保证中央田赋收入所采取的补救性对策。所以，"忱既被劾，帝命李敏替代也，敕无轻易忱法"。此后，苏松地区继续沿着周忱的改革思路进行减轻官田重赋的改革。第一，田赋征收经论粮加耗、论田加耗的反复，最终促成官、民田科则的扒平。第二，金花折色日益增多，田赋输纳由民运向官运方向转化。第三，改革所涉及的范围更广，减轻官田赋税的措施先后影响了周围的很多府县。

周忱的改革对明朝产生了深远的影响。他的改革在实践中既保证了国家赋税的正常征派，使总体的财政收入不减，同时又在一定程度上实现了百姓徭役的均平。实际上，明中叶基本上是沿着周忱的思路进行地方到中央、由局部到全国的赋役制度改革，从而也使周忱的思想更加完善与制度化。

边防线上的那些事儿

宣宗即位后，蒙古鞑靼阿鲁台与瓦剌脱欢连年遣使入贡，边境无大战事。自成祖以来，阿鲁台逐渐控制兀良哈三卫蒙古地域，兀良哈人在滦河一带放牧，宣宗下令予以禁止。宣德三年（1428年）八月，宣宗率领众臣巡视北边，蹇义、夏原吉、杨荣等扈从。九月初来到蓟州，得到报告，兀良哈蒙古兵民经会州来到宽河。宣宗命诸臣留守于遵化，独自率骑兵三千，熟悉北边军务的杨荣随从，出喜峰口到宽河。骑兵以神机炮轰兀良哈兵民，俘获许多人，并追击至会州。宣宗这一行动只是要表明自己的兵骑势力的强大，其实他无意大举北征，故随即自会州班师回京。第二年春，三卫兀良哈带领完者帖木儿来京朝贡谢罪。

宣宗把俘虏及其家属放回，又升任完者帖木儿为都指挥同知，其余诸首领也各有赏赐。

明朝初年，在元上都设开平卫，驻军屯饷。成祖设兀良哈三卫后，开平孤立北边，部属不明的蒙古部众，经常前来抢劫掠夺。宣德四年（1429年）夏，骚扰蔓延到开平，镇抚张信被杀。宣宗命阳武侯薛禄为镇朔大将军总兵官护饷开平。第二年四月，薛禄奉命修筑宣府镇北的独石堡、云州堡、赤城堡、鵰鹗堡，加强边防。这之后宣宗便将开平的防守向前推移三百里，改为守独石，作为开平的前方边防。六月，又在宣府镇设万全卫都指挥使司，统一指挥十六卫。十月份，宣宗和内阁大臣以及蹇义等人一同前往宣府，查看边防。杨溥、杨荣、吴中等人护送宣宗到洗马林检阅军队，慰劳将士。

瓦剌脱欢与鞑靼阿鲁台的战争，仍在继续。阿鲁台立鬼力赤之子阿台王子为汗（《突厥系谱》）。宣德六年（1431年），鞑靼人被瓦剌人打败，五月，阿鲁台带领两千骑兵驻守在张家口外集宁海子。兀良哈三卫的首领看到阿鲁台已经打了败仗，于是，转而投靠了明朝廷。七月，宣宗便派大臣拿宽大书给福尔、朵颜、泰宁三卫都指挥使，恩准他们来明朝；也可回去，但必须严格管制部下，不要再侵犯边境。第二年正月，泰宁卫脱火赤奏请明朝颁赐新印。秋初，明廷又分别赏赐三卫兀良哈首领。兀良哈三卫得到了明朝的支持，八月，出兵攻打阿鲁台，被阿鲁台打得大败，逃到了海西。

阿鲁台声势复振，又向西与瓦剌征战。宣德八年（1433年）秋，瓦剌脱欢派使臣到明朝纳贡，又派人述说蒙古战事，明朝廷让他们送回以前扣留的明朝使臣。阿鲁台一支部属西行至凉州永昌，曾被甘肃明军擒斩百余人。额勒伯克汗家族的后代脱脱不花在永乐时在甘肃镇投降明。这时又背叛明朝向西投靠了依瓦剌，被脱欢人拥戴做了岱总汗，脱欢为丞相。宣德九年（1434年）初，脱脱不花和脱欢的部队在兀剌海袭击阿鲁台的队伍。阿鲁台的军队大败，纷纷逃散。宣宗派锦衣卫百户马亮拿宽大书去慰问他们，给他们钱粮，但不参与战斗。七月，由阿鲁台的部下传递到朝廷的消息得知，阿鲁台儿子失捏干及部将朵儿只伯等将侵略凉州，朝廷敕告甘肃总兵严加戒备。事实是，这时的朵儿只伯军队和阿鲁台所推举的阿台王子已经从剌海向北逃到了亦集乃路，但仍被瓦剌脱脱不花军队包围。阿鲁台、失捏干父子则率领轻兵东逃到母纳山（今乌拉特前旗）。瓦剌脱欢率领重兵追击到母纳山，杀死了阿鲁台父子，大获全胜。八月份，瓦剌脱欢派大臣昂克来明朝报告了杀死阿鲁台的消息，并向明朝廷进贡一些马匹和一个缴获的元朝的大印。宣宗给予敕书说，"王（明封脱欢袭顺宁王）克绍尔先王之志，来朝进贡，具见勤诚"（《国榷》卷二十二），玉玺可以自留。九月，宣宗命令蹇义、杨士奇、杨荣等人护送视察边防，到了万全卫洗马林，一一检视了各个城防。十月初回到北京，第二年正月宣宗病死。

宣宗在位时，对北方边境以防守为主，甚至于不惜放弃土地迁移边防，以求得边境的安宁。在蒙古瓦剌与鞑靼之争中，虽然双方均希望得到明朝的支持，但明朝廷保持中立，并不偏重。宣宗在位十年间，蒙古各部落战争频繁，明朝边境仍能始终保持稳定，对明朝的统治还是有利的。但是鞑靼战败之后，瓦剌势力一天天强大，又让明朝面临新的威胁。

"仁孝"二字记心头

明宣宗作为明朝初期的一位守成的皇帝，是一个值得肯定的君主。他在位的十年中，实行了一系列利国利民的政策，取得了很显著的成绩。宣宗的政治功绩中凝结了他母亲的心血，他从皇太孙到当上皇帝，一直受到母亲的指导教育。他的母亲诚孝皇后勤于操持内政、外政，教子有方。宣宗从小就十分孝敬母亲，常常细心听取母亲的教诲，这些对他处理国家政事起到了积极的作用。

宣宗即位后，尊称母后张氏为皇太后。每逢军情及国事，他都要向母亲报告，听她的指示。皇太后也是竭尽全力来辅佐儿子料理朝政，避免朝政出现失误。她经常教育儿子要勤于政事，遇事要多多依靠辅臣，听取众人的意见，不要武断专制，而要善于听取意见，珍视百姓的生命。宣宗在日常生活中也特别孝顺母亲，每天的早晨和晚上都会到母亲的西宫内请安，服侍母亲，仔细观察母亲的气色怎样，身体是不是舒服。母亲看到儿子也非常高兴，向他询问政事处理得是否得当。宣宗认真对答，并向她报告国家重要的大政方针，征求皇太后的意见。每次谈话之后，母后都十分满意。宣宗不仅自己孝敬母后，还教育两宫皇后孝敬、侍奉太后，他们的关系十分和谐。

即使宣宗有紧急事情要处理，当皇太后要召见他时，宣宗也赶紧前往，毫不怠慢。宣宗对母亲的孝敬，在历代帝王中也是极为突出的。

宣德三年（1428年）二月，宣宗侍奉母亲游西苑。皇后胡氏、皇妃孙氏也都随同伺候。宣宗亲自扶着太后下了车，登上万岁山。到了山上，捧上酒献给母亲为她祝寿，又即兴献诗歌颂母亲。太后玩得兴致勃勃，亲自给儿子倒了一杯酒，并且告诉儿子说："现在天下平安，没有大事，我们母子俩能够享受这样的快乐，（这些）都是上天和祖宗赏给我们的。天下百姓都是上天与祖宗的孩子，作为人君的任务只在于保护百姓的平安，使他们不至于因饥寒而动荡不安。只有百姓平安，我们母子的快乐才能永远。"宣宗叩头说："母亲的教育我牢记不忘。"这一天，皇上陪着皇太后玩得十分高兴，一直玩到很晚，宣宗才和皇后、皇妃送太后回宫。

宣德四年（1429年），宣宗又陪同太后一起到了长陵、献陵。他骑着马在前面亲自领路，到了河边的桥旁，宣宗下马扶着太后的车子前进。沿途受到了百姓的夹道欢迎，下榻处总有许多人跪在那里高呼"万岁"。太后转头对宣宗说道："百姓如此拥戴君主，是你得以安身的根本啊，作为皇帝你应该珍惜啊！"拜谒完皇陵返回的途中，路过农民的家，皇太后召见老妇人，询问生产、生活的情况，并赐给钞币。这个时候，百姓把自己家种的蔬菜、水果，自己酿造的酒献给皇上、皇太后。皇太后亲手接过来给宣宗说："这才是真正的农家风味呀！"皇太后这样贴近百姓，平和待人，指点皇帝，可谓是一位贤能的太后。

当时，随从的大臣英国公张辅，尚书蹇义，大学士杨士奇、杨荣、金幼孜、杨溥请求在行殿拜见皇太后。皇太后召见了他们，并对他们每天都辛辛苦苦地辅佐皇帝大加赞赏。她说："你们都是旧朝的老大臣，一定要好好辅佐皇帝。"有一天，宣宗对杨士奇说："皇太后谒皇陵回来后，说你们做事很认真、很熟练，对你们的功绩大加称赞。说张辅是一位武臣，知道大节大道理。蹇义小心谨慎，又很忠厚，只是有些优柔寡断。你能坚持正义，说话没有什么忌讳，父亲对你的劝言虽然不是很高兴，然而最终还是依了你的意见，才不致坏了大事。然而，先父临终前还有三件事，后悔没有依了你。"杨士奇听了皇太后的夸赞，连连叩头谢皇太后夸奖。皇太后对宣宗的教导对他产生了很大的影响，宣宗在政治上比较清明，成了一名"盛世"君主，这与皇太后的细心教导是分不开的。

明宣宗作为"承平之主"，在登上皇位的时候，离明朝打下天下的时间不远，太祖、成祖勤政之风对他有很大的影响，因此，对于朝中大事还不敢大意，对政治事务兢兢业业，再加上重用"三杨"、蹇义、夏原吉等一大批得力大臣，皇上大臣上下同心协力，朝中政治有很大起色。明朝社会政治、经济、文化都达到鼎盛时期。伴随着明朝社会繁荣发展，宣宗皇帝本人开始追求享乐、奢侈的生活，喜欢游猎玩耍，宫廷中的生活也开始奢侈。在宣宗游山玩水的影响下，朝廷内的大臣、官僚们也沉醉于享乐之中，形成了以奢侈为光荣的不良风气。

宣宗当皇上数年之后，认为自己稳坐江山了，社会已很安定，便开始学习古代的皇帝大臣共同出去游玩的事，每年于春秋两季都要带领大臣登万岁山，游太液池，寻欢作乐。他还规定在每年岁首允许百官休假半个月，选择游玩胜地，设宴畅饮，尽情欢呼跳跃，欢乐至极。宣宗也常常游览西苑，大学士们都陪着他一起前去，君臣在一起作诗评论，真是一派皇帝大臣共同享受天下太平的美好景象。朝野上下将此传为佳话。

上有精干的皇上，下有同心同德辅佐朝政的大臣，天下一片太平，让人觉得太平盛世来临了。刚刚册封孙贵妃为皇后的宣宗，心情很好，很想到外面去玩玩，放松一下。群臣们陪同他一起去游万岁山。万岁山是当时的皇家园林，丛林茂密，景色美丽迷人，山上有殿亭六七处，金碧辉煌，非常壮观。宣宗和皇太后、皇后经常在休闲的时候，到这里游玩、打猎。这一次游万岁山，宣宗没有坐车前去，而是骑着马登山，他率领一支浩浩荡荡的马队出发，宦官骑马在前面开路，充任向导。皇上与众大臣骑着马登上山顶，好不威风壮观，长长的马队在山间小道上盘旋前进。行人一边登山，一边观赏春天山上的秀丽景色。到了山顶，宣宗与众大臣、侍从周览群山，可谓"一览众山小"，四周的景色，让人仿佛置身于仙境之中。游罢万岁山之后，宣宗又与众臣下一起乘御舟，畅游太液池。太液池周围十余里，池中架着大梁，用作来回走动。池子四周，种满了优质的树木，还有名花名草，多得数不胜数。池上玉龙盈丈，喷泉出水，下注池中，仿佛是瀑布，景色美极了。上了御舟之后，宣宗一边看着众大臣齐力划桨,一边指着这船说:"治理国家就好像划这条大船一样,涉大川大河,要依靠你们鼎力相助才能成功。"蹇义等人连连谢恩,大声叫着"万岁"。宣宗玩得十分高兴,又特别将杨士奇、杨荣招呼到身边,告谕他们说:"如今天下无事,百姓平安快乐。虽然不能整日只知安逸、享乐,但是古代人的游玩乐趣也不能废掉呀!"宣宗一心想要享乐,又怕群臣议论他贪图安逸享乐,故以古人为证,来为自己开脱。

宣宗和众位大臣游了万岁山、太液池,觉得没有尽兴,又下令众位大臣游小山。到了小山上,宣宗和众位大臣、侍从都累了,宣宗下令休息。这时候,侍从太监备好酒饭,呈给皇上和大臣们。众位大臣陪同宣宗喝酒,争相给他敬酒,宣宗喝了很多酒,等到吃饱喝足回到朝廷时,已经有了几分醉意。

同年七月,秋高气爽的一天。宣宗招呼蹇义、夏原吉、杨士奇、杨荣,陪他一起去游东苑,并在东庑赐宴犒赏大家。君臣都喝得非常高兴,中间,宣宗与蹇义等人谈论了很久,上到天文地理下到国计民生,海阔天空,谈及的范围很广。谈了许许多多,宣宗说:"这里既是草屋,也是我休息的地方,虽然不能和'不剪茅茨'相比,却说明我没有忘记节俭。"之后,宣宗又到河边下网捕鱼,命令太监把打来的鱼煮熟,供给大家食用,宣宗就是这样一个既忙于政务,又时时不忘游玩享乐的皇帝。

治贪警钟长鸣

刘观是明初洪武、永乐、洪熙、宣德四朝的御史，在朝中掌握着一定的实权，曾经显赫一时。随着官位的升迁，他的贪心也越来越大，导致最后自取灭亡。

刘观，雄县人，洪武十八年（1385年）中了进士，被封为太谷县丞，又受到推荐被提升为监察御史。洪武三十年（1397年），又被提升为左佥都御史。永乐元年（1403年），他被提升为云南按察使，但还没有上任，就又改任户部右侍郎。永乐二年（1404年）调任他为左副都御史。他在担任这个官职的时候，还能够主持正义，办理案件很给力，得到皇帝的赏识和提拔。永乐七年（1409年），他处理政务时触犯了法律，受到皇太子的谴责，并要对他进行处罚。永乐帝在北京得知此事后，特别指示皇太子，说："一名大臣犯了小小的过错，不应该马上就对他进行惩治。"此后，他仍被委派到各地处理政务，如征讨凉州叛羌，参赞军务，督办疏浚黄河漕道，巡视陕西，考察官吏，等等，政绩较为突出。

仁宗登上皇位之后，提拔他做了太子少保，享受二品官的俸禄。这在当时是很高的荣誉。仁宗的时候，大理寺少卿弋谦直言上奏，全力陈述当时的弊病，激怒了皇帝，弋谦受到了处分。刘观为了讨好仁宗皇帝，借机会又下令他手下的十四道御史，上书皇上弹劾弋谦，把他押进大牢，为此，刘观受到了朝中公正大臣们的鄙视。

仁宗死后，其长子朱瞻基继位。洪熙、宣德年间，明朝社会日趋稳定、繁荣，朝廷上下都沉醉于歌舞升平的享乐之中。宣德初年，朝廷中的大臣、官僚为了追求享乐，经常设宴、集会，以奢侈、淫乐相互攀比，歌妓满堂。贪污的风气愈加严重，是朝廷政治一个极大的弊病。

刘观在经历了洪武、永乐、洪熙、宣德四个朝代之后，已经蜕化为贪污、行贿、受贿的十恶不赦的腐败分子。他私下里收受贿赂，品质十分低劣。他部下的各个御史也都效仿，争着贪污受贿，到各地鱼肉百姓，无所顾忌，为害一方。

宣德三年（1428年）六月，宣宗针对当时贪污、腐化问题，召见大学士杨士奇、杨荣等到文华门前，对众位朝中大臣说："祖宗在位时，朝中大臣都严格要求自己，制约自己的行为，没有贪污腐化的现象。可是，近年来贪污成风，行贿、受贿在朝廷上下屡见不鲜，有不可阻挡之势，这是为什么呢？"听完宣宗的问话，杨士奇回答："在永乐年的末期，朝廷中的大臣都已经有了贪污的风气，只不过那时候刚刚开始，不像现在这样严重。"杨荣又说："永乐末年，最大的贪污犯是方宾，没有谁能够超过他。"宣宗听了杨荣的回答后，立即追问道："今日朝中谁最贪婪无比？"杨荣回答说："现在朝中贪污最严重的就是刘观。"杨士奇又说道："刘观身为都御史，都如此肆无忌惮地贪污，他部下的御史官员也都纷纷效仿，在各自职权范围内大肆贪污掠夺，御史到各地名为巡视考察民情、官吏，实际是到各地搜刮民脂民膏。这种恶劣的风气又影响到地方官员，他们也都效仿。如此恶性循环下去，贪污腐化的风气便到处蔓延，不能控制。"宣宗听罢杨士奇、杨荣的几番话，既气愤又叹息，立即下令道："扫除邪恶一定要干净，将刘观免去职务，予以惩治。"

将大贪污犯刘观撤去职务查办后，由谁来接替刘观的左都御史职务呢？这成为宣宗十分头疼和棘手的问题。他向杨士奇、杨荣征求意见。杨士奇回答说："通政使顾佐廉洁奉公，并很有威信，可以替代刘观。"杨荣继续补充道："顾佐在担任京尹期间，能够严格要求、考察他的部下，任职期间正本清源，革除积弊，政绩卓著，是一位十分难得的好官。"听了杨荣的一番话，宣宗很高兴，在杨士奇、杨荣的推荐下，宣宗颁布了旨令：革除刘观左都御史的职务，令他出京巡阅河道。同时，任命顾佐为左都御史，代替刘观。

在大学士杨士奇、杨荣的辅佐支持下，宣宗惩办了贪污犯刘观。这个重大的举措在全国引起了巨大的反响，大多数人拍手称快，百姓的怨恨也平息了。同时，这给那些有贪污、行贿、受贿行为的人敲响了警钟，让他们就此悬崖勒马，痛改前非。

刘观的贪污行为被揭发之后，一些了解刘观实情的部下都上书宣宗，揭露刘观父子贪赃枉法的罪行，弹劾刘观。宣宗看罢奏疏甚是愤怒，立即下令将刘观父子逮捕，押上大堂，将揭发他罪行的材料拿给他看。刘观不服，上疏为自己的罪行辩解。宣宗见他拒不认罪，更加气愤，拿出廷臣先后上的密奏，其中有证明刘观枉法获得黄金超过千两的真凭实据。刘观在事实面前，不得不如实招来，低头认罪，于是他被关进了锦衣卫的监狱。

宣德四年（1429年），刘观被依照法律判了死刑，杨士奇、杨荣上报宣宗，请求免去刘观的死刑。在大学士"二杨"的劝阻下，刘观被免去死刑，他儿子刘辐被发配到辽东戍守边疆，命刘观随其子一同前往。最终刘观因犯风寒病而死。宣宗罢刘观，惩一儆百，澄清了吏治，改善了社会风气。宣德七年（1432年），杨士奇上报请求命风宪官考察各级主管官员以惩治有贪赃枉法的人，宣宗恩准。从此以后，明代的贪污风气被刹住。

宣德三年（1428年）六月，宣宗颁布旨令，工部尚书吴中被捕，革去少保的职务，并罚他官银一年。

吴中，字思正，武城人。洪武末年担任过营州后屯卫经历。成祖攻占大宁时，他出城投降。之后，在负责押送粮食、军费，抵抗敌军中多次立下战功，被封为右都御史。永乐五年（1407年），改任工部尚书。永乐十九年（1421年），因为劝阻成祖北征而被关入狱中。朱高炽即位后，将他从监狱中放出来，恢复了他的官职，并加封他为太子少保。朱瞻基当上皇帝后，对他这位有功之臣，前朝的元老，颇为敬重，但是他犯了法，朱瞻基也就秉公执法，惩办了他。

宣德三年（1428年）三月，宣宗体恤山西受灾百姓，就下旨免去了山西各个受灾区的税。当时，主持工部事务的尚书吴中向朝廷上报说："山西省到京城来服劳役的工匠们，现在该换掉了。"宣宗看罢奏折后，立即批示："山西自去年以来，久旱无雨，庄稼颗粒不收，灾情严重。百姓到处乞讨，不能过活，连饭都吃不上，还怎么能服役呢？今后凡是受灾地区，停止一切徭役的派遣。如今还在京服役的工匠，立即都遣返回家，并做出安排，以解救他们的困顿。"这道谕旨下发后，工部立即释放工匠，免除差役，减轻了人民的负担，深受匠役的欢迎。

宣宗多次告诉工部尚书吴中等人："对于那些年老体弱、病残不能服劳役的工匠，马上免去差役放他们回去。"可是，吴中等人对宣宗的旨意并没有认真执行，仍旧强迫不能服役的人做工，对工匠进行压榨。于是，宣宗又下令，让他们马上免去老年、幼小、有病工匠的役税，送他们回家。并指责吴中等人：不按照朝廷的命令办事，仁义的心都到哪里去了？为什么这样不近人情，残害百姓，这还称得上是替百姓做事的好官员吗？让他们一定要仔仔细细地检讨一下自己，不然他们将因为不称职而受惩治。

见宣宗真的动怒，吴中等人不敢再违背圣旨了，立即对服役工匠们进行了一次详细、全面的大调查。对于其中老、幼、残疾，不能继续做工的工匠，全部登记下来，令其回乡休养，今后将不再令其服役，并发放给回家费用，以示皇上恩泽。这些工匠长年在外服劳役，吃了不少苦，过着悲苦的生活，听说现在可以回到家乡和妻子儿女父母团聚，高兴至极，欢呼万岁，表示感激。

宣德三年（1428年）六月，担任工部尚书的吴中，凭借手中掌握的权力，和太监杨庆相互勾结，私自将官府的木材、砖瓦等建筑材料成批送给杨庆，再由杨庆转到自己家里，盖了一幢宏伟壮观的私人住房，距离皇宫不远。有一天，宣宗登上了皇宫的城楼，远远看见一座非常漂亮的官房，装饰得十分豪华，远不是一般人所盖得起的，便问身边侍卫这是哪一家的房子，左右有人回答说："这是工部尚书吴中的私人宅邸。"宣宗立即反问道："他从哪里弄到这么多钱？买到这么好的材料？"有人据实情回答："这是他将公家的木材和砖瓦偷到自己手里，盖起了这么豪华的房子。"宣宗听了之后，十分生气，马上下旨把工部尚书吴中关押了起来，等候审问判刑。

吴中进入大牢之后几天，裴宗汉利用自己管理木厂的机会，盗窃官家木材出售，也被告发。他又贿赂太监杨庆，想求得免去罪行。事件被发觉之后，宣宗下令把他交给锦衣卫处理。

宣宗针对连续发生的两起盗窃国家木材的事件，大为恼火。他告诉都御史说："北京各个厂、库、局所贮存的木材、石料、砖、瓦等物品，都是各地军人百姓劳动、砍伐、搜集、制造加工之后运送到这里的，留下来作为国家的备用物资。而作为负责管理的工部官吏及主持看守的人，却不顾这是公家的财物，当作自己的东西，私自占为己有或给予他人之事不可胜数，情况非常严重。你要清楚地告诉各个厂、库、局，将他们贮存的材料详细登录，不能有差错。如果有仍然不知道改正的，本人将被处死，（他的）全部家眷发配边区。"

法司审查了吴中一案，认为他身为监守官却盗官家物产，又勾结内官，当斩不赦。宣宗认为，吴中作为皇祖旧臣，前代屡建功勋，现在暂且饶他一命，除去了他少保的职务，并处罚官俸一年。对吴中私下侵占公共财物的处罚，给朝廷中的贪官污吏敲响了警钟。

君子留下，小人离场

明宣宗治理国家的一个成功的经验就是：重用忠臣，惩办小人，他时常思考古代君王偏信小人、迫害忠义之士、害国害民的经验教训，他也常和大臣们谈论小人害国的例子，让他们引以为戒，不要轻信小人谗言，要明辨是非，按公理做事情。宣德二年（1427年），有一次宣宗召见户部尚书夏原吉，和他谈论古代偏听偏信、小人害国害民的教训，并从中得出了这样一个结论：表面上他们的建议好像是对国家很忠心，但是他们的用心却很险恶。因此，从古代到现在，贤明的人都十分痛恨小人。例如，上古时代的舜帝就憎恶谗言，春秋时孔子远离奸人，唐太宗也把进谗言的奸人当作国贼予以惩治。宣宗表示，他自己在对待小人谗言的问题上也十分重视，一旦发现这种现象，便会坚决制止，绝对不能让坏人得到好处。他还常把历史上轻信小人坏话导致亡国的事情作为教训，杜绝小人谗言害人的事件发生，并且希望大臣们也要时刻提高警惕，不要上奸人花言巧语的当。

宣德初年，朝廷政治中仍然有许多有缺陷的政策。南京的法司就残缺不全，随便就判决，轻易就将被告人逮捕、审问。比如，奸人想要陷害好人，就妄加编造罪名，写成告状信赶赴南京上诉，造成许多冤案，残害了无辜的忠臣良民。宣宗听到这种情况后，立即下令都察院颁布命令，对这些情况加以禁止，之后，凡是有告状的人，都必须送往北京审理，只有京城军民的诉讼，允许逮捕审问。这道法令的实施，制止了坏人钻朝廷的空子来冤枉残害忠臣的事件的发生。

当时，朝廷发生了一件诬陷忠臣的事情。结果，奸臣被惩治，忠臣受到了保护和重用。这个宦官叫裴可力，他受朝廷的派遣，到浙江负责监督处理当地政事。浙江有一个姓汤的千户，听说朝廷派下来钦差御史，来监督、检查工作，他非常害怕，因为他在这里为非作歹，干了许多违法的事情，为此，他想，只要对朝廷派来的这位大官进行贿赂，与他勾结在一起，就什么问题也没有了。于是，汤千户在裴可力到来之后，就大摆酒宴热情款待这位朝廷大员，之后又多次献殷勤，讨好朝廷大员，借各种名义，送给裴许多金银财物。裴可力在金钱的诱惑下，和汤千户勾结，更加严酷地剥削百姓。当地人民对汤、裴的倒行逆施恨之入骨，纷纷上书朝廷，揭露他们的罪行，请求朝廷对他们进行惩治。

于是，朝廷派遣按察使林硕到浙江进行整顿。林硕到任之后，立即采取措施，制定了一整套法规制度，整顿政治，清查官吏，为百姓做了一些实事。汤千户对林硕的到来，又害怕又不甘心。因为林硕所制定的政策、制度，都危及他的利益，并限制了他的胡作非为。于是他向裴可力说林硕的坏话，裴可力因而怨恨林硕，认为林硕是为了夺自己的权位，监督、调查他来的。于是就寻找时机报复。经过反复策划，裴可力向朝廷上了一道奏折，诬陷林硕，说他到浙江后，有讥讽、诽谤朝廷的言论，并对宣宗皇帝下的诏书谕旨进行限制，不让施行，违背皇帝的旨意。朝廷得到这个奏折后，立即将林硕拘捕，押送到北京审理。刑部提审林硕，林硕很明白这是小人的陷害，便在法庭上给自己辩解。他说："我以前曾经担任过御史，视察浙江，让当地的小人不能继续为非作歹，给他们带来很多麻烦。此次，臣升为按察使，再次到达浙江，时间不长，臣采取一些措施，又触及了这些小人的利益，因此他们更加恨我，便耍弄阴谋，制造谣言，加害于我，想要把我赶走，保证他们可以继续为非作歹，剥削百姓，不受官府的限制。"

宣宗听了林硕的申诉，对他说道："我本就不会轻易相信他们卑鄙的话，一定要当场审问他们。如今你既然已经明白，是那些小人对你的陷害，我也不相信他们，而仍旧相信你，你也就不要再担心了。马上赶到浙江，继续担任你的职务，履行你的职责，为百姓主持公道，办实事，不负朕对你的期望。只要是涉及民众疾苦的事情，全部奏报上来。朕以诚心对待臣下，不轻信奸人谗言。你不要有其他的顾虑了，好好地干吧！"林硕听了皇帝的一番话，流下眼泪，连连叩头拜谢皇恩，并保证回到浙江后，一定不辜负皇上对自己的信任，秉公办事，用尽全力报答朝廷和皇上。

随后，宣宗对随从大臣说："宵小之人裴可力制造虚假的事情，去陷害忠直的大臣，回到京城后一定要严加惩治，绝不宽恕。"果然，事隔不久，裴可力被召回京城，受到拘捕，以诬陷罪被依法判刑惩处。汤千户残害百姓也受到了惩治。宣宗对小人的惩治，对忠臣的信任、重用，在朝廷上引起了强烈的反响，弘扬了正气，压制了邪恶。

宣德六年（1431年）十二月初三，内官袁琦，内使阮巨队、阮诰、武莽、武路、阮可、陈友、王贵、杨四保、陈海等伏诛。他们在广东等地出差办理国家事务，以采购买卖物品为由，擅自领取别人财物，事发下狱。经过审查，这些都是袁琦一手操纵的。在抄没家产时，发现所埋藏金银数以万计，宝货、丝锦衣物等应有尽有。连所用的金玉器皿，也是从宫中获得，属于非法。这些都是上面所说的人所做，经过三堂会审，这些人全部被处死。

宣宗知道后，深恶痛绝，立即命令将袁琦千刀万剐，凌迟处死，以解民恨。其余十名，斩首示众。为总结此类事件的教训，于第二年的正月十九日，宣宗布告天下，以儆效尤。其中说道：

"我自从登上皇位，早早起床，很晚才睡，不敢偷懒。认为天下江山是祖宗留下的，百姓战士也是祖宗留下的。百姓安宁，天下就能得到很好的治理，而我也才能报答祖宗的恩情和寄予我的厚望。

"自从登基以来，我始终把安定民心作为自己的职责，可是内宫太监袁琦，陪伴我很长时间了，却没有想到他为人阴险狡诈，欺骗朝廷，以办理公家事情为借口，做一些罪恶的勾当。有人上报说内官内使，在外面招摇撞骗，凌辱官员，毒打并且虐待战士百姓，无所顾虑地贪污，残酷到了极点，他所得到的金银财宝有千千万万。所在地区，民不聊生，怨声载道，而当地官员坐视民患，不敢过问。天地不容，神人共怒。发其罪恶，白于天下，已交法司，归拿严办。

"尔等各级官员听着：一定要体会朕爱民之心的迫切，使人民安定太平、过好日子，是国务的根本。代天理民是君王的事，为国安民是臣下的事。你们一定要勤奋向上，让下面的军民都安定无事，而听不到他们的叹息声、愁苦声、怨恨声。只有这样，才算尽职尽责，不负朕的委托。你们努力吧！"

杀掉太监既解了百姓的心头之恨，又给各地方的官员上了堂"拥政爱民"的课。

我不搞封建迷信

中国各朝代皇帝大多很迷信,相信"上天之命""运气"之说,都把自己看成是上天所生的"圣明之主",是上天的儿子,降到人间来统治芸芸众生的。更有相当一部分皇帝迷信到荒诞不经的地步,寻求神仙,企图得到神奇的药物,以求长生不老。后来,看到求神仙没有可能,转而炼丹,想要得到长生不老的药。为此丢掉性命的,在各朝史书中都有记载。

宣宗不相信神仙,也不相信人会长生不老,长命百岁,这在历代帝王中,也算是一个"破除迷信"的皇帝。

宣德九年(1434年),宣宗才37岁,正当他年富力强,精神状态极佳的时候,有一个和尚来见宣宗,称他想要一些钱,用来修建寺庙,来祝福宣宗长寿。

宣宗听完这和尚的胡言乱语,根本不信,痛骂一顿后,把他推了出去。散朝之后,他回到了宫里,想一想和尚说的话,不禁觉得好笑,就对跟在身边的大臣们说:"人人都想长生不老,这是人之常情。自古以来，没有不这样想的。就说君王，商朝的祖乙，周朝的文王，都是长寿的人，在位都很久。那时，哪里有和尚、道士？哪里有关于神仙的说法？秦始皇寻求神仙，南朝的梁武帝亲身从事佛学，北宋徽宗崇信道士，都应验了吗？可惜，世人至今还不省悟，真是可叹啊！"

大臣中是不是有迷信神仙、佛学的不清楚，但宣宗一番话，却是令人信服，令人觉得眼前的这个皇帝的确和别人不一样。

宣宗作为一个皇帝，能够认识到所说的神仙、佛没有根据，荒唐可笑，不信不崇，也不去仿效，是很不容易的事。他讥笑世人执迷不悟，但没有办法改变在人们心中扎根已久的传统观念。

奈何好人命不长

宣德九年（1434年），宣宗37岁，对一个人来说，这个年龄正是人生黄金岁月。宣宗即位时，已年满27岁，学业已完成，又具有一定的生活经验，即位掌政，正是一个最好的年龄。他不辜负祖辈们的托付，管理国家、处理政治事务，很有条理，这期间天下没有什么重大的事情发生，可以说国家太平、百姓安乐。在他的治理下，社会正在走向繁荣，他的事业也处于走向辉煌的阶段，因此赢得了大臣百姓的衷心拥护和爱戴。

这年十二月，宣宗突然得病，他病到什么程度史书无记载，但从现有的史料看来，起初他得病时并不严重，因为他还在处理朝中的政治事务，对具体的事做出决定，显然他还没有病到不能处理政事的程度。众位大臣常常向他问好，但他的病情不见好转，还有加重势头。据记载，文武群臣第一次问安是在他得病三五天之后，集聚在左顺门跪叩请安的。约过了三天，文武群臣又来到左顺门问安，又过了三天，正巧是立春之日，例行的庆贺礼被取消。由此判断,宣宗连接受群臣贺春礼也免了,可见他病得不轻。于是,群臣又于立春日来到左顺门,再次向皇帝问安。

宣德十年(1435年),这是宣宗当皇帝的第十年,如加上他即位的那年,该是第十一年。春节是一年之始,故被人们视为一年中最为重要的节日。这一天,皇宫要举行盛大的祝贺活动,皇帝要上大殿接受百官的祝贺。但宣宗把这个重要的庆贺活动也取消了,而命百官在文华殿向太子举行庆贺礼。可见,宣宗的病情已经很严重,但他还可以处理政治事务。

正月初三,他自感自己的日子没多少了,便向文武大臣发出一道旨意:"我的病治好的希望不大了,这大概就是上天注定的吧!让皇太子继承皇位,众位王公大臣都必须严守祖宗的家训,各王谨守藩国。嗣君(指皇太子)年幼,唯望皇太后朝夕教诲训导,你们文武大臣尽心辅佐,凡家国重务,必须上禀皇太后、皇后,然后去执行。"

宣宗死时,年仅37岁。

去世以前,宣宗还留下了一份"遗书",向全国颁布,为的是全国上下都能知道,照他的最后一次旨意去办。遗诏的内容,同他临终前的遗言基本一样,宣宗对他走得这么早充满了遗憾。他说:"生死是人之常情,寿命的长短有一定的限度。人的生死,是符合自然规律的,寿命的长短也有极限。(这些)都是不能违背的。唯一感到遗憾的是,不能继续光大祖辈的宏图伟业,也不能奉养母亲到终年,心里想到这些,即使死了,于九泉之下也不得安宁。"确实,宣宗离开人间太早,刚要想有所作为,却化为泡影,留下的这份由祖辈们开创，由他来守护的巨大遗产，交给一个还没成年的孩子，他的心怎么能平静。

宣宗就这样匆匆走完了自己的一生。

宣宗死后，他9岁的长子朱祁镇继承了大明江山事业，也就是英宗。他给父亲上庙号为宣宗，葬在了景陵。

宣宗去世后，得到了世人很高的评价，说他"心胸开阔，致力于亲孝，与家人相处和睦；朝廷所施行的举措都遵从法规。特别关心百姓，如果碰到有上报水旱和蝗虫灾害的，便派人前往视察救济"。又说他"爱惜人才，非有大过，常保全之慎"（《明宣宗实录》），等等。其中难免有溢美之词，但总的来说，还是符合事实的。

宣宗力行"仁政"，有许多可以被称颂的地方，他鼓励大臣们直言劝谏，表现出了以宽大、爱惜他人为根本的政治思想。但同时也放纵了一些贪官污吏，该处理的不予处理，仅仅批评一番，至多斥责，也就不再追究。惩治坏人不严厉，留下了祸患，这是吏治腐败的一个重要原因。